Restaurant English
For Waiter & Waitress

레스토랑 실무영어

문혜리·신남식·심창환 공저

[B] (주)백산출판사

CONTENTS

Unit 3　손님과의 대화를 위한 여러 영어문형 / 87

Unit 4　일반 오더테이킹에 따른 영어표현 / 119

Unit 5 코스별 오더테이킹에 따른 영어표현 / 163

Unit 6 식후주와 계산에 따른 영어표현 / 243

Unit 7 *American Breakfast*와 *Continental Breakfast* 주문에 따른 영어표현 / 269

Unit 8 중화요리 · 화식 · 한식 오더테이킹에 따른 영어표현 / 283

Foreward

1. 레스토랑은 귀족 문화에서 출발하였다.

레스토랑을 말할 때는 프랑스 레스토랑을 대표적으로 거론한다. 프랑스는 레스토랑 문화를 선도하는 역사를 가지고 있는데, 그 역사적 전기는 프랑스 혁명의 발발에서 찾는다. 당시 구족의 봉건적 특권이 폐지됨에 따라 귀족들은 망명의 길에 오르면서 자신들의 요리사를 동반한 것이 결과적으로 프랑스 요리를 해외로 전파시키는데 기여하게 되었다.

한편 귀족들이 망명하거나 파산하여 졸지에 실직당한 귀족의 수석 요리사들은 생업의 일환으로 시중에 레스토랑을 개업하기 시작하였다. 그래서 귀족들만이 먹었던 고급요리를 누구나 레스토랑에 가서 돈만 지불하면 먹을 수 있는 이른바 '식의 민주화'가 프랑스사회에서 확산되어 레스토랑문화를 싹트게 하였다.

혁명으로 인해 그간 귀족신분사회에서 목소리를 내지 못했던 신흥 유산층 부르주아들은 귀족의 빈자리를 찾아 레스토랑을 자주 이용하였고, 이들은 귀족적인 식도락과 식탁예절을 제대로는 알지 못했으나, 스스로 교양을 갖추려고 노력하여 귀족에 대한 문화 콤플렉스를 극복하려고 하였다. 이러한 문화적 배경에서 오늘날의 레스토랑은 품위를 대단히 중요시하며 손님과 종사원의 복장에서 분위기를 조성하고, 손님들의 테이블 매너에서 귀족적 예의범절을 요구하고 있는 것이다.

2. 고급 레스토랑은 사교장이다.

인간이 음식을 먹는 동기는 두 경우가 있는데, 첫째는 생존을 위한 에너지원으로 하루 세끼를 찾아 먹는 경우이며, 둘째는 사회적 동물인 우리 인간들이 대인관계에서 음식을 매개로 사교를 할 때이다. 전자의 경우는 일반식당을 이용하게 되고, 후자의 경우에는 이른바 고급레스토랑을 이용하게 된다. 따라서 고급레스토랑은 '배불리 먹는 장소'가 아니라 대화하는 장소이며, 고급레스토랑에 초청하는 대상 역시 긴장을 요구하는 인사가 대부분이다. 가령 은사를 초청하는 경우이거나 업무상 교제를 해야 하는 이해 당사자, 축하를 해 주어야 할 친지, 사교상 필요로 하는 손님들이 모이는 장소가 고급 레스토랑이다.

그런 이유에서 고급 레스토랑은 지명도가 중요하며, 레스토랑에서는 요리를 즐기는 것도 중요하지만 좋은 분위기와 대화가 무엇보다 중요하다. 이와 같은 레스토랑의 특성 때문에 이에 종사하는 waitpersons은 점잖은 고급손님에 걸 맞는 자질을 갖추어야 한다. 접객종사자가 갖추어야 할 기본 자질은 스마트한 외모와 품위 있는 말씨, 그리고 요리에 대한 전문지식 등이며, 그러한 자질을 갖춘 접객종사자의 서비스를 받는다는 것은 곧 손님의 자존심을 높여주는 것이다.

Waiter는 wait가 갖는 두 가지 뜻, '기다리다'와 '시중들다'에서 후자의 의미를 바탕으로 하여 만들어진 어휘이다.

3. 웨이터복은 예복이다- dinner jacket과 턱시도

디너 재킷은 원래 1700년대 영국 가정에서 저녁 식탁에 나올 때 입는 복장이었으며, 이를 디너 코트라고도 불렀다. 1880년대 초 뉴욕에 있는 턱시도 호(湖)에서 떠돌아다니는 유람선의 선상 레스토랑 '턱시도 클럽'을 이용 할 때에는 연미복 대용으로 좀더 간편한 지금의 턱시도를 입었다. 당시만 하여도 레스토랑을 이용하는 손님이나 웨이터도 다 같이 연미복 착용이 요구되었던 시절이었다. 그 후 보다 분위기를 부드럽게 하기 위하여 웨이터복을 디너 코트로 변형하여 입게 되었다. 이런 과정에서 레스토랑의 웨이터 복장, 다음에는 손님의 복장으로 널리 전파되기에 이르렀으며, 간략한 연회에서도 이 턱시도가 보편화되었다. 초청장에 Black tie 또는 Cravt noire라고 쓰여 있으면, 디너 재킷을 입고 참석해 달라는 뜻이다.

4. Waitperson(waiter & waitress)은 요리 전문가이다.

대중식당에서 종사하는 접객종사자의 손님에 대한 서비스는 단순 노동이다. 손님이 특정 요리를 선택하여 시킨 메뉴를 단순히 갖다 주는 delivery가 전부이다. 그러나 고급 레스토랑 종사자는 조리전문가(chef), 와인전문가(sommelier), 요리전문가(waitperson)로서의 삼각관계를 능률적으로 수행해야 할 뿐만 아니라, 그런 과정에서 판촉효과를 내어 레스토랑의 매상을 올려주게 된다.

5. 레스토랑은 제조, 판매 소비가 한 장소에서 완결되는 곳이다.

일반적으로 하나의 제품은 공장에서 생산하여 유통과정을 거쳐 상점에서 판매하고 가정에서 최종 소비하는 단계를 거치게 된다. 그러나 레스토랑의 판매과정은 주방생산, 테이블 판매, 즉시 소비의 세단계가 한 장소에서 완결되는 것이 특징인 반면에, rush hour가 짧아 식사 때의 쏠림현상을 어떻게 능률적으로 치룰 수 있느냐가 레스토랑 서비스가 해결해야 할 부분이다.

6. 레스토랑 손님의 particular - 친절의 포인트

"I'm at your service."는 "무슨 일이든 시켜주십시오."라는 말이다. 고급레스토랑에 출입하는 손님의 특성을 한마디로 집약하면 particular 심리라고 할 수 있다. 즉, 다른 사람보다 더 특별히 대접을 받고 싶어 한다. 다음에서 보는 이 단어가 함축한 내용이 바로 손님의 바람이라는 전제로, 서비스 자세를 갖추어야 할 것이다.

■■■ particular가 갖는 뜻

① 특별한, 특유의, 특수한 ⇨ SPECIAL
 - 고객은 자신을 Very Important Person(VIP)으로 대접 받기를 원한다.
② 특정한, 특히, 바로 그, ~에 한하여. ⇨ DEFINITE
 - 자신을 다른 사람과 일괄취급(단체취급)하는 것을 거부한다.

③ 각별한, 특별한

  - 다른 사람보다 나를 더 대접해 주기를 원한다. 이점에서 너무 치우쳐 다른 손님에 대한 상대적 차별이 생기지 않도록 역효과에 조심한다.

④ 개개의, 개별적인 ; 각자의, 개인으로서의

  - 접객 종사원이 자신의 기호요리를 기억해 주는 관심에 만족해한다.

⑤ 꼼꼼한, 깔끔한 ; 까다로운

  - 높은 생활수준에서 오는 고급감각, 발달된 미각, 청결에 대한 예민성을 지니고 있다.

7. 레스토랑 실무영어의 한계

일반 생활영어 회화는 일상생활에서 일어나는 생활현상의 표현이 주 내용이 된다. 같은 맥락에서 회의에서 토의 내용은 agenda를 벗어나서는 토의를 하지 않는 것과 같이 레스토랑에서 waitperson과 손님과의 대화내용은 menu에 적혀 있는 범위 내에서 주로 대화를 하게 된다. 만약 메뉴에 없는 요리를 주문한다면 "I'm sorry but it's not on our menu, sir/ma'am"의 한 마디로 메뉴에 없는 요리에 대한 대화의 진전은 멈추게 된다.

그러므로 레스토랑 실무 영어는 크게 (1) 음료, 식전 주 오더테이킹 → (2) 주 요리 선택 → (3) 겸해서 곁들이는 요리 주문 받기 → (4) 후식 주문 받기 → (5) 계산의 5단계가 된다. 이와 같은 단계에서 접객원은 주로 <질문형>의 영어를 사용하게 되며, 같은 영어 중에서도 '정중한 영어' 사용이 요구된다. 따라서 레스토랑 실무영어의 기본은 다음과 같으며, 이를 기본으로 하여 보다 구체적으로 상황을 풀어 가는 과정을 꾸며 놓은 것이 본서의 내용이다.

May I_____?   Could you_____?

Would you_____?   Shall I_____?

8. 레스토랑 실무 영어 기본 7단계 ; 실무영어의 골격

레스토랑 서비스에서 손님을 맞고 메뉴를 보이고, 주문을 받으며 계산까지 갖는데 기본 7단계로 이루어진다. 이와 같은 기본단계를 거치는 동안 waitperson은 상황에 따라 손님에게 요리의 상담역이나 와인 전문가가 되어야 함은 물론, 그와 같은 과정에서 사용하는 영어표현을 익혀두어야 한다. 다음에서 사용된 영어표현은 표현의 기본성을 나타내기 위하여 표준적 어법을 사용하였다. 좀더 정중한 어법이 되기 위해서는 Would you ······ ?, Could you ······ ? 등의 문형을 사용하면 될 것이다.

■■ [1단계 서비스]

손님을 영접하고 메뉴를 건넨 후 자리를 잠깐 떠난다. 손님이 그 동안 일행과 상의하여 메뉴를 정할 수 있는 시간을 주기 위함이다.

> Waiter 　: Good evening. Here are your menus.
> Today's special is grilled salmon.
> I'll be back to take your order in a minute.
>
> > W : 안녕하십니까. 여기 메뉴가 있습니다. 오늘의 특별 요리는 연어구이 입니다. (메뉴를 테이블에 놓은 후) 곧 돌아오겠습니다.

■■ [2단계 서비스]

테이블로 돌아와 기본 메뉴에 대하여 주문을 받는다.

> Waiter 　　 : Are you ready to order?
> Customer[1] : I'd like the seafood spaghetti.
> Waiter 　　 : And you?
> Customer[2] : I'll have a hamburger and fries.

◑ W : 주문을 받아도 되겠습니까?

C^1 : 나는 해산물로 된 스파게티를 들겠습니다.

W : (옆 손님을 행해서) 손님은 어떤 요리로 하시겠습니까?

C^2 : 나는 햄버거 프라이로 주십시오.

■■■ [3단계 서비스]

기본 메뉴를 주문 받은 후에는 음료를 주문 할 수 있도록 먼저 오더테이킹의 이니셔티브를 갖는다.

◑ Waiter　　　: Would you like anything to drink?

Customer^1 : I'll have a coke, please.

Waiter　　　: And for you?

Customer^2 : Just water, please.

◑ W : 음료수로는 무엇으로 하시겠습니까?

C^1 : 나는 코카콜라로 하겠습니다.

W : (옆 손님에게) 무엇으로 드시겠습니까?

C^2 : 물만 한잔 갖다 주십시오.

■■■ [4단계 서비스]

주문 받은 내용을 손님 앞에서 확인을 한다. 이때 So that is … (확인 할 메뉴) …. 의 문형을 사용하고, "I'll take your menu."로 끝맺는다.

◑ Waiter　: OK. So that's one seafood spaghetti, one hamburger and fries, one coke, and one water. I'll take your menus.

◑ W : 좋습니다. 주문하신 요리를 확인해 보겠습니다. 해산물 스파게티 1인분, 햄버거 후라이 1인분, 코카콜라, 생수 각각 1인분씩 주문하셨습니다.

■■■ [5단계 서비스]

요리를 서브하면서 자리를 뜨는 인사말을 잊지 않는다. 이 단계에서 요리를 서브 할 때 묵묵히 요리를 테이블에 놓는 것 보다 "Here is ⋯." 한마디를 잊지 않도록 한다.

> Waiter : Here is your food. Enjoy your meal.

> W : 여기 요리가 나왔습니다. 맛있게 드십시오.

■■■ [6단계 서비스]

식사가 끝나면 테이블로 돌아와 "잘 드셨습니까?"로 인사말을 한 후에 다시 후식을 주문할 수 있도록 이니셔티브를 잡는다. 경우에 따라서는 손님이 아무 생각 없이 있다가도 이 한 마디로 후식을 할 생각을 갖게 될 수도 있다.

> Waiter   : How was everything?
> Customers[2] : Delicious, thanks.
> Waiter   : Would you like anything for dessert?

> W : 잘 드셨습니까.?
> C[2] : 잘 들었습니다. 요리가 맛이 있군요.
> W : 후식은 무엇으로 하시겠습니까?

■■■ [7단계 서비스]

계산을 한다. 이 때 아무 말도 없이 계산서를 떼기 위하여 자리를 뜨는 일이 없도록 한다.

> Customer[1] : Just the bill please.
> Waiter   : Yes, I'll be right back.

> C[1] : 계산서를 갖다 주십시오.
> W : 예, 곧 돌아오겠습니다.

9. Waitpersons의 전문성은 요리 설명에 있다.

다음은 테이블에서 손님이 묻는 요리에 대한 설명과, 손님에게 요리를 권할 때 요리를 설명해 주는 경우 필히 알아두어야 할 기본 용어들을 소개한 것이다. 이와 같은 용어들에 대한 지식을 완벽하게 익혀 두어야 자연스럽고도 전문적인 요리 설명이 가능하다.

■■■ marinade 마리네이드

　●Deep-fried chicken : Chicken legs are marinaded in a soy, wine and pepper mixture(혼합). They're dusted with flour(밀가루를 흩뿌리다), fried in oil and garnished(장식) with chopped shallots(골파류).

　　　●후라이 치킨 : 닭다리는 간장, 와인, 후추가루로 혼합한 마리네이드한 다음, 그 위에 밀가루를 흩뿌려 기름에 튀긴 후, 다진 골파류로 장식해서 만든 요리.

※ marinade : 마리네이드(식초 및 포도주에 향료를 넣은 양념. 여기에 고기나 생선을 담금) ; 마리네이드에 절인 고기

■■■ seasoning 양념, 향료 따위로 음식에 맛을 들이다, 양념을 치다

　●Deep-fried chicken with walnuts : Chicken breasts(가슴살) are cut into little pieces and seasoned(조미한) with wine and condiments(양념). The chicken potions are dipped(잠깐 적시다) in beaten egg whites, rolled in chopped(잘게 썬) walnuts and deep-fried.

　　　●호두를 채운 후라이치킨 : 닭 가슴부위를 잘게 잘라서 휘저은 계란 흰자위에 무치고, 여러 분량으로 나눈 닭고기는 잘게 썬 호두로 감아서 오래 튀긴 것.

※ beat 달걀을 휘젓다 ; beat flour and eggs to a paste 밀가루와 달걀을 섞어서 반죽을 만들다

■■■ stir 휘젓다, 움직이다

▶ Stir-fried eggs with prawns : Prawns(참새우) are stir-fried and set aside. eggs are mixed with sesame oil, rice wine, soy sauce and stock. The egg mixure is stir-fried and the prawns are added at the last moment.

> ▶ 튀김참새우 : 참새우를 살짝 튀긴 것을 옆에 내어 놓고, 스톡과 라이스 와인, 참기름, 간장으로 된 소스에 계란을 풀어 만든 반죽을 기름에 살짝 튀긴 후 계란 튀김과 참새우를 곁들어 낸 요리.

※ stock 고기, 물고기 등 삶은 국물, 수프꺼리

■■■ simmered 부글부글 끓다, 삶다

▶ soya=soybean : Shelled hard-boiled eggs simmered in soy sauce. Served cold in quaters

> ▶ 삶은 콩 계란 : 푹 삶은 껍질 벗긴 통계란을 간장 소스에 오래 삶아 차게 해서 넷 쪽으로 나누어서 낸 요리.

■■■ prepare 회식, 요리를 준비하다, 조합하여 만들다

▶ Shark's fin soup : Shark's fin soup is prepared with shark's fin(상어지느러미), shreded chicken and crabmeat(게맛살) or pork in chicken stock

> ▶ 샥스핀 수프 : 상어지느러미와 갈기갈기 찢은 닭고기, 게맛살 또는 돼지고기를 닭을 곤 스톡국물에 끓여 낸 요리.

※ shred 가느다란 조각, in shreds 갈기갈기 찢겨

■■■ glaze [윤을 내기 위해][고기, 생선 따위에] 양념장 따위를 바르다

Glazed duck : This succulent dish, a Beijing speciality.
A young crammed duck is coated with a salt-malt-sugar and
then halffiled with water. As it roasts on the outside, it is
boiled on the inside. The duck is served with a sauce made
from sesame oil, sugar, stock and chives.

베이징 덕, 북경오리 요리 : 소금맥아당으로 채워진 어린 오리고기는 물에 반쯤
잠겨 보관되다 바깥쪽에서 구워 안쪽까지 끓여짐. 참기름 소스와, 설탕, 국물
그리고 골파들과 함께 제공됨.

■■■ mince [고기 따위를] 잘게 썰다

Meatballs : They're served as a first course. Filets of fish are
minced ,then mixed with beef, spring onion and s seasoning
of soy sauces and ginger.

미트볼, 고기단자 : 이것은 1번 코스로 서비스 됨. 잘게 저민 생선을 쇠고기 함
께 양파, 조미료, 간장 소스, 그리고 생강 등에 버무려 뭉침.

■■■ braise (고기나 야채를) 기름으로 살짝 튀긴 후 약한 불에 끓이다.

Baijing braised lamb : Cubes of lamb are first blanched then
stir-fried with onions, ginger and spring onions. They then
braised in stock, rice wine, sesame paste, soy sauce and
cinnamon.

북경 양고기요리 : 흰색의 어린 양고기 조각들을 양파, 생강 그리고 파와 함께
센 불로 재빨리 볶고 나서, 일본술, 참깨, 간장 그리고 계피와 함께 국물에 넣
어 끓임.

■■■**trotter** (구어) [특히 돼지, 양 따위의 식용] 족(足)

▶Steamed fig's trotters(feet) : Cut into pieces, the trotters are served after having simmered three to four hours. They're deliciously enhanced with ginger and aniseed.

> ▶찜 돼지 족발 : 조각 낸 돼지 족을 3˜4시간 뭉근히 끓인 후 먹음. 생강과 아니스의 열매로 맛을 돋움.

■■■**stew** 뭉근한 불로 끓이다, 스튜 요리로 하다.

▶Fish stew : Cutting fish, hard-boiled eggs, radish, kelp, seaweed, turnips, rice dumplings and other ingredients are slowly simmered for a long time in a broth.

> ▶어묵 : 자른 생선, 푹 삶은 알, 무, 다시마, 해초, 순무, 쌀 경단 그리고 다른 여러 가지를 섞어 묽은 수프에 오랜 시간 천천히 약한 불로 끓인 음식.

■■■**broth**(살코기·물고기의) 묽은 수프 ; 고깃국.

▶Shabu-shabu : Thinly-sliced beef cooked with vegetables in a broth. It is often a do-it-yourself meal.

> ▶샤브샤브 : 얇게 썬 쇠고기를 묽은 수프에 야채와 함께 데쳐 먹는 요리. 손수 요리해야 할 경우가 많음.

※ do-it-yourself의 콩글리시는 'self'

■■■**saute** 소테, 살짝 튀긴(부친) 것, 소테요리

▶Skiyaki : Thin slices of tender fillet of beef and vegetables, saute'ed over a gas or charcoal fire.

> ▶스키야키 : 부드러운 쇠고기를 얇게 썰어 야채와 함께 데쳐 먹는 요리. 손수 요리해야 할 경우가 많음.

■■■ barbecue(통구이로 하다 ; 직접 불에 굽다(broil) ; 돼지·소 따위의) 통구이, 바비큐

　　 ⓒ Yakidori : Pieces of chicken barbecued on small wooden skewers with onions and green peppers.

　　　　 ⓒ 야키도리 : 작은 나무 꼬챙이에 양파와 피망들을 구운 닭고기 조각들과 함께 꿰어놓은 음식.

■■■ deep-fry 기름에 푹 튀기다.

　　 ⓒ Kushiage : Deep-fried skewered food : It includes chicken and pork as well as seasonal vegetables and seafood.

　　　　 ⓒ 쿠시아게 : 꼬챙이에 꿰어 완전히 튀겨낸 음식, 계절 야채와 해산물뿐만 아니라 닭과 돼지고기로도 함.

10. 레스토랑에서 많이 활용할 수 있는 표현들

- famed : 유명한, famed Korean rice wine : 한국에서 유명한 라이스 와인
- Korean(Western)-style snacks : 한국식 스낵
- counter : 조리대, counter restaurant : 손님 앞에서 직접요리를 해서 서브하는 곳.
- street stall(pushcart) : 포장마차
- street vendor : 노점상인, vending machine : 자판기
- do-it-yourself meal : 셀프식(요리 재료를 미리 테이블에 갖다 놓고 손님이 직접 불고기식으로 고기를 구어서 먹거나 전골냄비에 수시로 재료를 넣어서 만들어 먹는 요리)
- small bite sized piece : 한입 크기(고기를 한입에 넣어 먹을 정도로 잘라서 놓은 조각)
- thinly-sliced beef : 얇게 썰은(불고기감으로 썬 경우)
- a plate of assorted fish and seafood : 모듬(가령 전골요리 용으로 조기 등 생선과 굴, 새우, 조개 등을 둥근 큰 접시에 모아 만든 것)
- snack/full meal : 간식과 정식(full meal : 양이 넉넉한 식사)
- European cousin : 서양요리, cousin은 요리법, 요리의 뜻이며, dish는 접시에 담은

요리를 뜻하여 a cold dish(찬요리), a dish of fish(한 접시의 생선)가 있고, "We serve Eastern dishes."하면 "우리는 동양요리를 내고 있습니다."가 됨.

- re-useable sticks : 재활용(1회용 나무젓가락 대칭표현)

- restaurateur/restaurant : 레스토랑 주인. "You'll find that the restaurateur has provided slippers(레스토랑에 가면 레스토랑 주인이 슬리퍼를 마련해 두고 있다는 것을 알게 될 것입니다).", restaurateur의 발음은 [레스터러터].

- cooking utensils : 요리 용구. cook은 요리사, cooker는 냄비, 솥 따위의 요리기구, cookery는 요리법으로, egg cookery로는 boiled egg(삶은 계란), poached egg(수란)이 있고, fried egg에서는 다시 sunny-side up, over-easy, turned over 등으로 나뉨.

- It' a refreshing (hot or cold) towel for hands : 물수건, 원래 물수건은 고급 레스토랑에는 내지 않음.

- display of replica : 복제요리(경양식 집 출입구 앞에 진열해 놓은 밀렵제 복제품)

- appeal : (요리가) 마음에 들다. appeal은 호소하다의 뜻으로 많이 쓰이고 있으나, 레스토랑에서는 요리가 손님의 마음에 들다라는 의미로 쓰여, 'If this does not appeal to you, you may order the other.(이 요리가 마음에 안 드시면 다른 요리를 주문해도 됩니다.)'가 있다.

- variety/selection : 모듬/구색 ; 전자는 같은 종류가 아닌 여러 종류의 '모듬'이란 뜻으로 'a variety of seafood speciality(여러 종류의 해산물 특별요리)'가 있으며, 후자는 많은 종류 중에서 좋은 것만 골라 '모은 것'을 의미하여 'a wide selection of wines(정선(精選) 와인모음)'이 있음.

- special : 특별요리, speciality＝specialty(英)

- accompany/with : 곁들이다. ; 전자는 '따로 뒤 따른다'는 의미로 가령 'Red wine accompanies beef steak(비프스테이크 요리가 나올 때 레드와인이 곁들여 나옴).'가 있으며, 후자는 '부속으로 함께'라는 의미로 'Salmon with baked potatoes(연어요리 접시에 군 감자요리가 함께 담겨져 나옴)'가 있음.

- rooftop garden : 옥상정원

Unit 1

예약과 안내

1 전화로 좌석예약을 받을 때

> C : I'd like a table for two.
> W: Certainly, sir. For what day(would that be)?
>
> C : 두 사람이 앉을 자리를 예약하고자 합니다.
> W : 그러시죠. 며칠로 하시겠습니까?

예약받는 순서

예약 내용을 단계별로 손님에게 물어 예약을 성립시킨다. ( ) 내용을 이어서 말하는 것이 「정중한 말」이 된다.

● C : I'd like a table.
　W: For what day (would that be)?

　　● C : 테이블 하나 예약하겠습니다.
　　　W : 며칠로 하시겠습니까?

● C : For today.
　W: For today. And for what time (would that be)?

　　● C : 오늘로 예약하겠습니다.
　　　W : 오늘이죠. 시간은 몇 시로 하시겠습니까?

C : For about eleven thirty.

W : Eleven thirty. And how many (would there be in your party) sir?

> C : 약 11시 30분입니다.
> W : 11시 30분으로 모두 몇 분이십니까?

C : three people.

W : That would be fine.

> C : 세 사람입니다.
> W : 세 분이면 예약이 가능하겠습니다.

W : Could I have your name, please?

(In what name, sir?)

C : Carlo. (In the name of Mr. Gold.)

> C : 성함을 말씀해 주시겠습니까?
> (누구 이름으로 예약을 하시겠습니까?)
> W : Carlo입니다.(미시스 Gold앞으로 해주세요.)

W : Could you spell your name, please?

C : Yes, Carlo. C-A-R-L-O.

It's my first name.

> W : 성함을 스펠링으로 말씀해 주시겠습니까?
> C : 그러죠. Carlo. C-A-R-L-O.
> 제 퍼스트 네임입니다.

이상의 예문에서 본 바와 같이 예약순서는 ① 시간, ② 날짜, ③ 인원을 묻고 끝에 가서는 이름을 스펠링으로 묻는다. 이상의 과정이 다 끝나면 종업원은 모든 내용을 아래와 같이 소개한 요령으로 복창해서 손님에게 확인시킨다.

- *예약을 받으면 예약내용을 복창한다.*
- *이제까지 전화상으로 오고간 내용이 서로간에 잘못 전달되었는지를 확인하기 위하여 「복창」하여 손님에게 확인시켜 준다.*

▶ So that's a table for three for Thursday at 8 p.m. for Mr. Carlo.

We look forward to seeing you.

「확인하겠습니다. 손님수는 세 분, 수요일 오후 8시, 칼로 씨 앞으로 예약이 되었습니다. 그날 오시기를 기다리겠습니다.」

▶ May I repeat your reservation for sure ?

「예약 사항을 확실히 하기 위하여 다시 말씀드리겠습니다.」

It's a table for 2 people for tomorrow night at seven in the name of Mr. A.

「내일 밤 7시 두 분, Mr. A 이름으로 예약되었습니다.」

Pattern 1 | 예약내용의 정리

So that's a table for (인원) for (날짜) at (시간) for (예약인 성명).

Pattern 2 | 손님의 예약표현

손님이 예약일시를 먼저 밝히는 경우
I'd like a table for 3(손님수) for lunch. (식사)
for tomorrow evening. (날짜)
on Monday next week. (요일)
at 7 tonight. (시간)
[예문] I'd like a table for 2 for lunch today.
「오늘 점심 때 두 사람 앉을 자리를 예약하고자 합니다.」

Pattern 3 | 손님의 예약요청을 구체화할 때

손님이 I'd like to make a reservation.「예약을 하겠습니다.」라고만 말한 경우는 종업원이 ① 날짜, ② 시간, ③ 인원 등을 물어 예약을 완성시킨다.

For   what day   would that be for?
       what day   would that be?
       what time
For how many people?
How many people are there in your party?

2 좌석예약을 받지 못할 때

– 죄송합니다. 예약이 다 끝났습니다.

> C : Good morning. I want to book a table for this evening at 6:00.
>
> W: I'm sorry, we're full for this evening.
>
> G : 안녕하십니까. 오늘 저녁 6시에 자리 하나 예약하고자 합니다.
>
> W : 죄송합니다만, 오늘 저녁에는 예약이 다 끝났습니다.

예약이 다 끝나서 못받을 때

I'm sorry, we're booked for tomorrow.

죄송합니다. 내일 예약은 다 찼습니다.

I'm sorry, we're full on Monday.

죄송합니다. 월요일 예약은 이미 끝났습니다.

I'm afraid we do not take reservations for breakfast.

죄송합니다만,
아침식사 예약은 받지 않고 있습니다.

◐ We have no table at that time.

We're fully booked.

◐ 그 시간의 예약이 다 돼서 좌석이 없습니다.

◐ We have no big table for ten people.

◐ 열 사람이 앉을 만한 큰 테이블이 없습니다.

Pattern	예약을 받을 수 없는 이유를 말할 때	
I'm sorry, we're	booked out full fully booked	for tomorrow. (내일·모레 등의 표현) on Monday. (요일)
We have no	table(table big enough) big table	at that time. (시간) for ten people. (인원)

■ 부득이한 사정으로 손님의 예약을 받을 수 없을 때에는 먼저 "I'm sorry"라고 말한 후 그 이유를 밝혀 준다.

3 손님이 예약을 취소·변경할 때

C : I've got a reservation for lunch today.
    But I want to come tomorrow rather than today.
W: I'm very sorry, sir. We're closed tomorrow.

C : 오늘 점심예약을 했었는데, 내일로 연기했으면 합니다.
W : 죄송합니다만, 우리는 내일 쉽니다.

손님의 예약 변경·취소 표현

C : I've got a reservation for dinner at nine this evening
    but could we bring it forward to eight?

W : I'm sorry, sir. we're fully booked at 8.

    But you could have a table at half past seven.

C : 오늘 저녁 9시에 저녁식사를 예약했는데, 한 시간 앞당길 수 없겠습니
    까?
W : 죄송합니다. 8시 좌석예약은 다 끝났습니다만,
    7시 30분이면 예약이 가능하겠습니다.

I'm afraid I've got to cancel my reservation. That's for lunch at noon today.

> 오늘 12시로 한 점심예약을 취소할까 합니다.

I have a reservation for dinner for three tomorrow. But we'll be five instead.

> 내일 저녁에 세 사람 저녁식사 예약을 했었는데, 다섯 사람으로 바꿔 주세요.

C : I'm afraid I've got to cancel my reservation.

W : Oh, I see, sir.

Thanks for letting us know.

> C : 제가 한 예약을 취소하겠습니다.
> W : 알겠습니다.
> 예약취소를 미리 알려주셔서 감사합니다.

I have a reservation for tomorrow.

But I want to put it off.

> 내일로 좌석을 예약하였는데 이 예약을 연기하고자 합니다.

We're booked for 1 : 00 p.m.

Could you put that forward to 12 : 00 ?

> 오후 1시 예약을 12시로 앞당겨 주시겠습니까?

There will be five of us instead of three.

> 세 사람이 다섯 사람으로 변경됐습니다.

◑ We're booked for eight.

Can we come at seven instead?

◑ 우리가 예약은 8시로 했는데, 7시에 가면 안 되겠습니까?

◑ We want to postpone our reservation for today to tomorrow.

◑ 오늘로 한 예약을 내일로 연기하고자 합니다.

예약 변경을 받아줄 수 있을 때

▶ Very good, sir.

Could I have your name, sir?

> 좋습니다.
> 성함을 말씀해 주시겠습니까?

▶ That would be no problem.

> (예약 취소·변경·연기) 가능하겠습니다.

▶ That would be fine.

> 변경할 수 있습니다.

▶ Then we look forward to seeing you.

May I have your name again, sir?

> 그러면 그때 뵙겠습니다.
> 죄송하지만, 성함을 다시 한번 말씀해 주시겠습니까?

▶ Your reservation for tonight is confirmed.

> 손님의 오늘 저녁 예약은 (틀림없음이) 확인됐습니다.

▶ Where can we contact you, sir?

> 손님 연락처를 말씀해 주십시오.

▶ Yes, we can do that.

> 네, 예약의 (변경·연기)가 가능하겠습니다.

손님의 예약 변경요청을 받아줄 수 없을 때

Just a moment, sir.

I'll check our reservation list.

> 잠깐 기다리십시오.
> 저희들 예약대장을 확인해 보겠습니다.

Thank you for waiting, sir.

I'm afraid we are full for that day(time).

> 기다려 주셔서 감사합니다.
> 죄송합니다만, 손님이 원하시는 그날(시간)은 예약이 다 끝났습니다.

Would you like to make a reservation for another day instead?

> 대신 다른 날로 예약을 바꿔보시겠습니까?

I'm very sorry, Madam. We're closed for tomorrow.

> 부인, 죄송합니다만 내일 예약은 마감되었습니다.

I'm sorry, sir. We're fully booked at eight.

But you could have a table at half past seven.

> 8시 예약은 끝났습니다만, 7시 30분 좌석예약은 가능하겠습니다.

4 손님맞이 첫인사

―인사와 인원수 확인

C : Good morning, sir / madam.

W : How many persons, sir / madam ?

C : 안녕하십니까?

W : 몇 분이십니까?

※ people보다 person이 더욱 정중한 표현이다.

 인사의 2가지 - *greet*와 *bow*

인사에는 두 가지가 있다. 그 하나는 한국식으로 절을 하는 bow이다. 이는 상대를 존경하는 뜻으로 허리를 구부리고 하는 절을 말하는데, 인사(절)를 받을 상대의 신분이 높을수록 허리를 구부리는 각도가 커진다. 한편 같은 인사로서 greet가 있다. 이는 누구든지 사람을 '반갑게 맞이' 하는 것이다. 굳이 허리를 굽혀 절을 할 필요는 없고, 반갑다는 표정으로 미소를 짓거나 상냥한 말로 접근하며 '맞이'하면 된다. 이런 의미에서 볼 때 서비스맨에게 요구되는 인사는 동양인에게는 bow를 서양손님에게는 greet가 좋다.

손님맞이 문전 인사표현

▶ Good afternoon, sir / madam.

　　▷ 안녕하십니까?

▶ May I help you, sir?

　　▷ 어서 오십시오.

▶ Welcome to our restaurant.

　　▷ 어서 오십시오.
　　　(저희 레스토랑에 오신 것을 환영합니다.)

▶ How many persons, please?

　　▷ 몇 분이십니까?

▶ How many people, sir?

　　▷ 몇 분이십니까?

▶ How many people are there in your party?

　　▷ 일행은 몇 분이십니까?

▶ Good morning, sir. A table for two?

　　▷ 안녕하십니까. 두 분이십니까?

▶ Do you have reservation, sir?

　　▷ 예약은 하셨습니까?

「이리로 오시죠」라고 안내할 때

This way, please.

이쪽으로 오십시오.

Would you like to follow me, Madam?

저를 따라 오시겠습니까, 부인.

I'll show you to your table.
This way, please.

좌석으로 모시겠습니다.
이쪽으로 오십시오.

Please come with me.

저를 따라 오십시오.
(안내해 드리겠습니다.)

Let me show you to your new table.

(다른 테이블로 옮겨갈 때) 새 자리로 안내해 드리겠습니다.

 서비스

단체손님은 일행 중 리더와 먼저 상대해야 한다. 인원수가 많지 않고 비록 4~5명으로 오는 손님이라 할지라도 누가 리더인지를 눈치껏 알아 그 앞에 다가가서 "How many persons, sir?" 라고 묻도록 한다. 이때 "How many people?"은 단순히 인원수를 묻는 말이지만, person으로 쓰면 '몇 분'의 정중한 어감을 갖게 된다.

5 손님을 좌석에 안내할 때

KEY word

W: I'll show you to your table. This way, please. Is this fine?

C : O.K. That'll be fine.

W : 손님 자리로 안내하겠습니다. 이쪽으로 오십시오. 이 자리가 괜찮
겠습니까?

C : 예, 됐습니다.

안내할 때 표현

▶ This way, please.

▶ 이쪽으로 오십시오.

▶ Shall I show you the way?

▶ 안내해 드리겠습니다.

▶ I'll show you to your new table.

▶ 다른 자리로 안내해 드리겠습니다.

Please come this way.

　이쪽으로 오십시오.

Would you like to come this way?

　이쪽으로 오시겠습니까?

Come this way. Your waiter will be with you in a moment.

　이쪽으로 오십시오. 담당 웨이터가 곧 올 겁니다.

Is this all right for you, sir?

　이 자리가 괜찮겠습니까?

Please take a seat.

　여기 앉으시죠.

I'll show you in.

　안으로 모시겠습니다.

다른 손님 사이를 지날 때의 표현

◐ Excuse me, Madam, but may I pass?

> ◐ 죄송합니다, 부인. 잠깐 지나가겠습니다.

◐ Excuse me.

> ◐ 죄송합니다.
> (사람 사이를 비켜갈 때 하는 말)
>
> ※ "Excuse us"는 여러 사람을 뒤에 두고 앞 인솔자가 「죄송합니다」하고 좁
> 은 길을 지나가면서 하는 말.

◐ How is this table, sir?

> ◐ 이 자리는 괜찮겠습니까, 손님?

◐ I wonder if I could go with you.

> ◐ 제가 따라 가도 되겠습니까?

◐ Would you mind if I went ahead.

> ◐ 제가 앞서가도 괜찮겠습니까?

◐ Would it be all right if I went by?

> ◐ 옆으로 자니가도 괜찮겠습니까?

▶ 지정석 제도와 자유석 제도

　　고급 레스토랑은 대개 지정좌석 손님은 임의로 비어있는 자리라 할지라
도 마음대로 앉지 못하도록 되어 있다. 그러나 일반 대중 레스토랑은 자유
로이 비어 있는 자리에 손님이 가서 앉는다. 굳이 자리에 안내할 상황이 아
니라면 "Please sit where you like."로 말하면 된다.

서비스

어떤 손님을 어느 자리로 안내할 것인가?

　　손님을 좌석에 안내할 때에는 먼저 손님 스스로가 어떤 자리에 앉고 싶다는 의사표
시를 하면 가급적 그에 따르도록 한다. 그러나 이런 경우를 제외하고는 다음과 같은
점을 고려하여 적절한 위치로 안내한다.
① 옷을 화려하게 입은 여성손님은 많은 손님이 볼 수 있는 위치로 안내하여 손님이
　 과시욕을 느끼게 하면서, 한편으로는 홀 전체에 장식적 효과도 높인다.
② 젊은 커플의 손님에게는 조용한 코너로 안내하여 둘만의 분위기를 갖도록 한다.
③ 들어오는 손님이 순간적으로 보아 왼손이 없는 불구자인 경우에는 자연스럽게 벽면
　 을 왼쪽으로 하여 앉도록 하고, 쓸데없이 손님을 유심히 본다거나 해서는 안된다.
④ 비즈니스 런치처럼 보이는 3, 4명의 직장인은 자리에 신경을 쓰지 않는 경우가 많
　 으므로 적절히 안내한다.
⑤ 위치가 좋은 자리부터 손님을 앉혀 좌석을 채워나간다.

▶ *language study - 위치 안내*

Excuse me. I'm trying to find the cafeteria. Could you tell me where it is?

Yes, sir. It's downstairs in the basement. Please take the elevator at the end of the hall.

Thank you.

You're welcome.

Could you help me, too.

Yes, of course.

I'm looking for the lady's room. Is there one around here?

Yes, ma'am. Go straight down the hall and turn left. It's just around the corner.

Thank you.

Not at all.

Excuse me. I'd like to go to the General Manager's office. Would you tell me where it is.

Yes. Turn right, and go up the stairs or take the elevator to the third floor. It's the last room on your left.

Thanks a lot.

6 손님이 선호하는 좌석위치를 요구할 때

– 네, 창 옆자리로 해드리겠습니다의 경우

W : Would you like to sit outside, sir?
C : Well, by the window, please.

W : 바깥쪽으로 앉으시겠습니까, 부인?
C : 창 옆쪽 자리를 주세요.

손님의 좌석위치 선호표현

◉ I'd like to reserve a table for 3 in the corner.

◉ (한가운데 자리가 아닌) 코너에 세 사람 앉을 자리를 예약하고자 합니다.

◉ Could we have a table by the window?

◉ 창가 자리가 좋겠는데요?

◉ Can we have a table near the band?

◉ 밴드 가까운 자리에 앉고 싶습니다.

◉ We'd like to sit at the counter.

◉ (바에서) 카운터석에 앉고 싶습니다.

◉ Is there a garden or some place with a view to eat ?

　◉ 정원이나 전망이 좋은 자리가 있습니까?

◉ I'd like a table by the pool, if you've got one.

　◉ 가능하면, 풀장 옆자리를 주십시오.

◉ We want a table in a quiet corner.

This is for an important business meeting.

　◉ 조용한 코너 좌석 하나 부탁합니다.
　중요한 상담자리가 되어서요.

◉ Do you have a table an the patio?

　◉ 파시오우 자리가 있습니까?

　※ Patio는 휴식·식사 때 쓰는 옥외의 테라스

손님에게 좌석위치 선택을 물을 때

◉ Would you like a table near the window?

　◉ 창가 자리로 앉으시겠습니까?

Pattern 1 | 손님의 좌석위치 희망

I'd like	a table	for 4.
Could we have	a table	in the corner.
		in doors / out of doors.
		by the window.
		near the band.
		on the terrace.
		in a nonsmoking area.

Pattern 2 | 손님에게 좌석위치를 제시할 때

Would you like	a table	in the corner	?
		in doors / out of doors	
		by the window	
		near the band	
		on the terrace	
		in a nonsmoking area	

 서비스

레스토랑에서 손님을 자리에 안내하는 담당을 headwaiter 또는 maitred'[me(i)trədi:]라고 하며, 구어로는 「급사장」이라고 한다. 자리안내 담당은 손님에게 의자를 빼어 앉도록 권하는데, 이 자리는 상석에 해당된다. 안내인은 일행 중 누가 이 자리에 앉을 수 있는 좌장인가 상황을 판단하는 것도 중요하다.

7 좌석이 만원일 때

> W: I'm afraid all our tables are taken, sir.
> Would you mind waiting until one is free?
>
> W : 죄송합니다만, 좌석이 없습니다. 빈 자리가 날 때까지 기다려 주
> 실 수 있습니까?

좌석 안내시 사용되는 여러 표현

◗ It's worth reserving a table, sir.
We get fairly full after 8 o'clock.

> ◗ 예약하시는 것이 좋을 것 같습니다.
> 8시 이후에는 좌석이 다 예약되고 없습니다.

◗ I'm afraid that table is reserved.

> ◗ 죄송합니다, 그 테이블은 예약석입니다.

◗ The other tables are reserved.
There's nowhere else to sit.

> ◗ 다들 예약된 자리입니다.
> 여기는 예약이 안 된 빈 좌석이 없습니다.

I'm afraid that table is being set.

이 자리들은 지금 「준비중」에 있습니다.

There isn't anyone sitting here, sir.
Would you like this table?

여기에 빈 좌석 하나 있습니다.
이 자리 괜찮겠습니까?

Would you mind sitting separately?

떨어져 앉아도 괜찮겠습니까?

Is anyone joining you, sir?

누구 더 오실 분이 계십니까?

Would you mind sharing a table?

합석을 해도 괜찮겠습니까?

Shall I have another guest join this table?

이 테이블에 다른 손님 한 분이 합석해도 되겠습니까?

Please sit where you like.

어디나 좋을 실대로 앉으십시오.

손님에게 의자를 옮겨서 앉도록 부탁하는 말

▶ Excuse me, sir.

Would you mind moving over a little?

　　▶ 죄송합니다.
　　　조금 의자를 저쪽으로 옮기시겠습니까?

▶ Can you move along one seat, please?

Another guest wishes to sit here.

　　▶ 의자 하나를 안으로 당기시겠습니까?
　　　다른 손님이 여기에 앉고 싶답니다.

　　　※ 버스에서 "Move along, please(안으로 들어가 주세요)"의 표현이 있다.

▶ Could you move your chair close to the table, please?

　　▶ 의자를 테이블로 바짝 다가앉으시죠.

　　　※ 손님의 의자가 통로를 방해했을 때의 표현이다.

▶ We can seat 3 of you right away.

But if all your party would prefer to sit together, it will take about 5 minutes.

　　▶ 세 분의 자리는 곧 마련해 드리겠습니다만,
　　　일행이 다 같은 테이블에 앉으려면 약 5분 정도는 기다리셔야 할 것 같습니다.

| Pattern | 손님에게 어떤 행동을 해 줄 것을 부탁할 때 |

Would you like	*to sit*	*outside, madam?*
	to move	*your chair inside?*
Would you mind	*moving*	*over little?*
	moving	*down one seat?*

합석의 경우

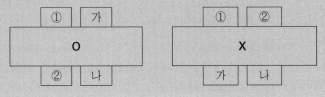

고급 레스토랑에서는 모르는 손님 간에 합석을 시키는 경우는 없으나, 일반 레스토랑에서 불가피하게 합석을 시킬 때에는 가능한 같이 모르는 사람 간에 마주하지 않도록 한다.

8 손님을 기다리게 할 때

C : A table for three, please.

W : I'm afraid all our table are taken, sir.

Could you wait about 10 minutes, please?

C : 세 사람이 앉을 자리 부탁드립니다.

W : 죄송합니다. 좌석이 없는데, 10분만 기다려 주시겠습니까?

손님을 기다리게 할 때

I'm afraid all our tables are taken, sir.

죄송합니다. 좌석이 다 찼습니다.

Would you mind waiting until one is free?

빈 자리가 날 때까지 기다리셔도 되겠습니까?

Would you mind waiting for a while?
We're full at the moment.

지금 빈 좌석이 없으니 조금 기다려 주십시오.

Could you wait a little longer, please?

> 조금만 더 기다려 주십시오.

C : How long will it take?

W : I'm not sure, sir.

If you are in a hurry, we also serve breakfast at the coffee shop.

> C : 얼마나 걸릴 것 같습니까?
> W : 확실히는 모르겠습니다.
> 바쁘시다면 커피숍에서도 아침을 드실 수 있습니다.

Could you take a seat over there?

I'll call you when a table is free.

> 저쪽에 있는 자리에 앉아 기다려 주십시오.
> 좌석이 나면 부르겠습니다.

We have a table for you now, sir.

This way, please.

We're very sorry for the delay.

> 자리가 하나 났습니다. 이쪽으로 오시겠습니까?
> 늦게 모신 것 죄송합니다.

We can seat you very soon.

> 곧 자리를 마련해 드리겠습니다.

◉ Could you wait in line?

I'll call you when a table is free.

> ◉ 줄을 서서 기다려 주시겠습니까?
> 빈 자리가 나면 부르겠습니다.

◉ I'm very sorry to have kept you waiting, sir.

> ◉ 기다리게 해서 죄송합니다.

◉ I'm afraid we cannot seat you at the same table.

> ◉ 죄송합니다만 한 테이블에 같이 앉을 수 없겠습니다.

◖ 손님을 좌석에 안내하고 나서의 표현

◉ W : Will this table be fine ?

C : That would be OK.

> ◉ W : 이 자리 괜찮겠습니까?
> C : 괜찮습니다.

◉ Is this fine ?

> ◉ 여기가 좋겠습니까?

◉ Please take a seat, sir.

A waiter will come to take your order.

Just a moment, please.

◑ 앉으시죠.
웨이터가 와서 주문을 받을 것입니다.
잠깐만 기다려 주십시오.

◑ Is anyone joining you, sir?

◑ 여기 빈자리에 오실 손님 더 계십니까?

예약된 테이블에 곧바로 안내하지 못할 때

◑ Mr. White, we were expecting you.
This way, please.

◑ 화이트씨, 기다리고 있었습니다.
이쪽으로 오십시오.

◑ I'm afraid, the table you reserved is not yet ready.
Would you mind waiting until it's free or would you prefer another table?

◑ 예약하신 좌석을 미처 준비해 놓지 못해 죄송합니다.
빈 좌석이 날 때까지 기다리시겠습니까, 아니면 다른 자리로 가시겠습니까?

◑ I'm afraid that we let another guest sit at your table since you did not arrive at the reserved time.

◑ 죄송합니다. 예약된 시간에 오시지 않아 다른 손님을 그 자리에 앉게 하였습니다.

◐ Would you mind waiting as the restaurant is full?

　　◐ 레스토랑의 좌석이 만원이 되어 좀 기다리셔야겠습니다.

◐ We'll have a table ready in just a minute.

　　◐ 조금만 기다리시면 자리를 만들어 드리겠습니다.

레스토랑내의 상석 위치는?

웨이터가 의자를 빼내서 손님에게 권하는 자리가 상석으로서 손님 중 상위의 자가
앉게 된다. 그러면 레스토랑내 상석의 위치는 어떤가?
① 벽을 등지고 앉는 쪽이 벽을 바라보고 앉는 자리보다 상석이다.
② 문간에서 먼 위치에 있는 자리가 문간 자리보다 상석이다.
③ 정원을 바라보고 앉는 자리가 등지고 앉는 자리보다 상석이다.

Pattern	자리를 기다리게 할 때

Would you　mind waiting	*until it's free?*
	as the restaurant is full?
Could you　wait	*about 5 minutes, please?*
	a little longer, please?

First Contact

인사는 초면인사와 구면인사가 있고, 정식인사와 약식 인사가 있다. 초면 인사는 정식으로 정중해야 하나 구면인사는 약식으로 '반가운' 인사가 되어야 한다. 다음에서 본 바와 같이 "Good morning(afternoon/evening)."인사는 가장 정중한 인사로 손님이나 종사원이나 같은 인사말로 주고받는 것이 예의이다.

	greetings	response
more	Good morning.	Good morning.
	Good Afternoon.	Good afternoon
	Good Evening.	Good Evening.
formal	How nice to see you!	Yes, It's been quite a while.
	How you doing.	Not bad.
	How are you?	Fine, thanks And you?
less	What's new?	Nothing.

preclosings	response
It's been a pleasure.	Yes, I've enjoyed it.
Thank you for the advice.	My pleasure.
Nice to see you again.	Nice to see you.
Great seeing you.	Same here.

closings	response
Good night, Bill.	Good night Jean.
Have a nice(weekend).	You, too.
See you later.	So long. Take care.

9 예약손님, 단골손님을 맞이할 때

> W: Do you have a reservation, sir?
> C : Welcome back, sir.
>
> W : 예약하셨습니까, 손님?
> C : 다시 뵈니 반갑습니다.

예약손님이 왔을 때

W : Do you have a reservation, sir?

C : Yes.

W : May I have your name, please?

> W : 예약을 하셨습니까, 부인?
> C : 네.
> W : 성함을 말씀해 주시겠습니까?

Mr. White. We were expecting you.
Welcome to the ABC restaurant.

> 화이트씨, 기다리고 있었습니다.
> 어서 오십시오.

We've been expecting you. This way, please.

기다렸습니다. 이쪽으로 오시죠.

단골손님을 맞이할 때

Mr. Black, welcome back.

블랙씨. 다시 와주셔서 감사합니다.

We're very happy to see you again.

다시 뵈니 기쁩니다.

We're very grateful to have you again.

다시 모시게 되어 기쁩니다.

Good evening sir. It's very nice to see you again.

안녕하십니까. 다시 뵈니 기쁩니다.

Thank you. It's good to be back.

다시 와 주셔서 감사합니다.

10 미리와 있을 다른 손님을 찾고자 물어올 때

> C : Do you know if Mr. White is here yet?
>
> W : He arrived ten minutes ago, sir.
>
> C : 화이트씨가 여기에 아직 안왔습니까?
>
> W : 그 분은 10분 전에 여기에 도착하셨습니다.

약속된 일행을 찾는 손님의 물음과 대답

C : Do you know if Mr. Stanley is here yet?

W : Yes. He arrived at about two o'clock.

　　C : 스탠리라고 하는 사람이 여기에 왔는지 알고 있습니다.

　　W : 네, 2시경에 도착했습니다.

C : Where can I find Mr. Work?

W : He asked me to meet him in the bar.

　　C : 워크씨를 어디가서 만날 수 있습니까?

　　W : 바에서 만나자고 하시더군요.

C : Is Miss Yumi still here, I'm very late.

W : Miss Yumi waited for an hour, sir, and then left for her office.

C : 유미씨가 아직 여기서 기다리고 있는지 모르겠습니다. 내가 너무 늦게 와서요.

W : 유미씨는 한 시간 기다리시다가 자기 사무실로 가셨습니다.

C : Has my wife arrived yet?

W : No, sir. I'm afraid she hasn't.

C : 내 와이프가 아직 도착 안했습니까?

w : 오시지 않은 것 같습니다.

C : I was expecting Miss Lee here this morning.
Has she been in?

W : I don't know, sir.

She may have eaten in her room.

C : 내가 미스 리를 오늘 아침 여기서 만나기로 했는데 와 있습니까?

W : 잘 모르겠습니다.
룸에서 식사를 하셨을 수도 있습니다.

11 영업시간을 말할 때

C : When does the restaurant close ?

W: It closes at 10 p.m.

　C :레스토랑은 몇 시에 닫습니까?
　W :오후 열시에 닫습니다.

 손님이 영업시간을 물어보면

C : When does the restaurant open ?

W : The restaurant opens at 11 a.m.

　C : 레스토랑은 언제 오픈합니까?
　W : 오전 11시입니다.

C : When does the restaurant open for breakfast ?

W : It opens for breakfast from 6 a.m. until 10 a.m.

　C : 아침식사는 언제부터 됩니까?
　W : 오전 6시에서 오전 10시까지입니다.

C : What are the restaurant's hours ?

W : Opening hours are from 11 a.m. until 10 p.m.

　C : 레스토랑의 영업시간은 몇 시까지입니까?
　W : 오전 11시부터 오후 10시까지입니다.

◑ We're open for lunch from one till three(o'clock) on Mondays to Saturdays.

　　◑ 점심시간은 1시에서 3시까지이며, 매주 월요일에서 토요일까지 영업을 합니다.

◑ We open for dinner at five o'clock every day except Mondays.

　　◑ 저녁시간은 월요일을 제외하고는 매일 5시부터 영업을 합니다.

Pattern	영업시간 표현

| We | open | for | lunch | from (시간) to | | every day. |
| | close | | dinner | at (시간) o'clock midnight | every day except (요일). |

■ 시간표현

- 01 : 00 　　　one(o'clock) in the morning 또는 one a.m.
- 11 : 30 　　　eleven thirty (in the morning/a.m.)
　　　　　　　　half past eleven in the morning.
- 12 : 00 　　　twelve (o'clock) ; noon ; midday
- 19 : 45 　　　seven forty-five (in the evening/p.m.)
　　　　　　　　a quarter to eight.
- 22 : 00 　　　ten (o'clock) (at night)
- 24 : 00 　　　twelve (o'clock) ; midnight

▶ 날짜·요일을 말할 때

① 날짜 표현(date)

A : What date is it today ?
    What's (today's) date ?   ] 오늘이 며칠입니까?

B : Today's May fourth.   (美)   오늘은 5월 4일입니다.
    Today's the first of May. (英)   오늘은 5월 1일입니다.

② 요일 표현(day)

A : What day is today ?
    What day of the week is today ?   ] 오늘은 무슨 요일입니까?

B : Today's Monday.   오늘은 월요일입니다.

12 전화응대 - 기본전화영어

C : Hello. Is this Jinmi Restaurant ?

W : Yes, it is. May I help you ?

C : 진미 레스토랑입니까?

W : 네, 진미 레스토랑입니다.

전화를 받으면 레스토랑이름을 밝힌다.

Coffee shop. May I help you ?

커피숍입니다. 무엇을 도와드릴까요?

Room service. Can I help you ?

룸서비스입니다. 무엇을 도와드릴까요?

Hello, (This is) Shilla Restaurant.

여보세요. 신라레스토랑입니다.

Good morning. Shilla Restaurant.
May I help you ?

안녕하십니까. 신라레스토랑입니다.
무엇을 도와드릴까요?

Hello. Five Stars Restaurant.

> 여보세요. 파이브 스타 레스토랑입니다.

손님이 전화를 걸어 올 때

C : Hello. Is that the coffee shop?

W : Yes, it is. May I help you?

> C : 여보세요. 커피숍입니까?
> W : 맞습니다, 무엇을 도와드릴까요?

C : Hello. Is this Jinmi Restaurant?

W : Yes, it is. Can I help you?

> C : 거기 진미 레스토랑입니까?
> W : 네, 무엇을 도와드릴까요?

C : Hello. Is this room service?

W : (Room service) Yes, it is.

 May I help you?

> C : 룸서비스입니까?
> W : 룸서비스입니다.
> 무엇을 도와드릴까요?

송화자를 확인할 때 : "누구십니까"의 표현

- Who's calling (speaking), please ?
  - 누구십니까?
  - ※「누구십니까?」를 전화에서는 Who are you?라고는 하지 않는다.

- May I ask who's calling ?
  - 성함을 여쭈어도 되겠습니까?

- Can I have your name, please ?
  - 성함을 말씀해 주시겠습니까?

누구와 통화하고 싶다할 때 : "○○씨 부탁합니다"의 표현

- May I speak to Mr. — ?
  - Mr. — 부탁합니다.

- I'd like to speak to Mr. —.
  - Mr. —와 통화하고 싶습니다.

- Give me room service, please.
  - 룸서비스 부탁합니다.

- Can I speak with the Sales Department, please ?
  - 판촉부 부탁합니다.

자신을 찾는 전화를 받으면 : "접니다"의 표현

▶ W : Hello. May I speak to Mr. Lee Kil-soo, please ?
　　C : (This is Lee Kil-soo) Speaking.

> ▶ C : 여보세요. 이길수씨 부탁합니다.
> 　　W : 접니다(예, 본인입니다).

▶ This is Lee Kil-soo.

> ▶ 이길수입니다.

▶ Lee Kil-soo here.

> ▶ 이길수 전화 받았습니다.

 ## 송화자를 기다리게 할 때

▶ Hold on, please.
　I'll call him.(*or* I'll get him for you.)

> ▶ 전화를 끊지 마시고 기다려 주십시오.
> 　그 분을 불러드리겠습니다.

▶ Hold the line, please.
　He'll be here in a moment.

> ▶ 잠깐 기다리십시오.
> 　곧 전화를 받을 것입니다.

◐ Just a moment, please.
(He's) Coming now.

> ◐ 기다려 주십시오.
> 지금 이쪽으로 오고 있습니다.

통화중일 때

◐ The line's engaged. Will you hold the line, please?

> ◐ 통화중입니다. 기다려 주시겠습니까?

◐ He's speaking on the other line.
Will you hold the line, please?

> ◐ 그 분이 다른 전화를 받고 있습니다.
> 기다려 주시겠습니까?

전화를 돌려 줄 때

◐ I'll put you through to the manager.

> ◐ 지배인과 연결시켜 드리겠습니다.

◐ I'll connect you with the cashier's desk.

> ◐ 출납계에 연결시켜 드리겠습니다.

◐ You're through. Go ahead.

> ◐ 연결됐습니다. 말씀하십시오.

Unit 2

페이징 서비스와 위치 안내

ESTAURANT ENGLISH
OR WAITER & WAITRESS

1 페이징(*paging*) 서비스

> C : Hello? I'd like to speak to Mr. Stanley, please.
>   He should be in the restaurant right now.
> W: Hold on, please. I'll page him for you.
>
> C : 여보세요? 스탠리씨와 통화를 하고 싶습니다. 그 손님은 지금 레
>   스토랑에 계실 것입니다?
> W : 전화를 끊지 마시고 잠깐 기다려 주십시오. 페이징을 해 보겠습
>   니다.

*paging service*란?

레스토랑내에 있을 손님과 통화하고자 그 손님을 찾아주기를 바라는 전
화가 걸려오는 경우가 있다. 이런 때에는 찾는 사람의 이름과 인상착의 등
을 물어 찾아주는 서비스를 말한다.

찾을 손님의 이름과 인상을 묻는 표현

● How do you spell his family name, please?

  ● 성을 스펠링으로 말씀해 주시겠습니까?

● Could you hold the line please?
  I'll page him for you.

◉ 전화를 끊지 마시고 잠깐 기다려 주십시오.
그 분을 페이징해 보겠습니다.

◉ W : Could you describe him, please?

C : Yes, he's tall with dark hair and glasses.

　　◉ W : 찾을 손님의 인상착의를 말씀해 주시겠습니까?
　　　　C : 그러죠. 그는 키가 크고 머리는 까맣고 안경을 쓰셨습니다.

페이징할 손님을 찾았을 때

◉ Excuse me, sir. Are you Mr. Stanley?

　　◉ 죄송합니다 손님. 스탠리씨이십니까?

◉ W : I'm sorry to disturb you, sir, but there is a telephone
call for you.

C : I see. Where shall I take it?

　　◉ W : 말씀 중에 죄송합니다. 전화가 손님 앞으로 왔습니다.
　　　　C : 알겠습니다. 어디서 전화를 받아야 합니까?

◉ I'll show you the way. This way, please.

　　◉ 제가 안내해 드리겠습니다. 이쪽으로 오시죠.

 찾는 손님이 없을 때

◑ Thank you for waiting.

I'm afraid Mr. Stanley is not here at the moment.

◑ 기다려 주셔서 감사합니다.
지금 스탠리씨는 여기에 계시지 않습니다.

◑ C : He said he'd be in the coffee shop at this time.

W : Would he be in another restaurant?

◑ C : 그 분은 이 시간쯤 커피숍에 있겠다고 했는데요.
W : 다른 레스토랑에 계시지 않을까요?

◑ Would you like to leave a message?

◑ 메시지를 전하시겠습니까?

 메시지를 대신 받아둘 때

◑ W : I'm afraid Mr. Stanley is not here at the moment.

C : Then could you give him a message when he arrives?

W : Certainly, sir. Go ahead, please.

◑ W : 지금 스탠리씨는 여기에 계시지 않습니다.
C : 그러면 그 분이 도착하면 메시지를 전해주시겠습니까?
W : 그렇게 하겠습니다. 말씀해 주십시오.

▶ (After taking the message)

May I have your name, please?

> ▶ (메시지를 받아 적은 후에)
> 전화거신 분의 성함을 말씀해 주시겠습니까?

▶ How do you spell your name, please?

> ▶ 이름을 스펠링으로 불러 주시겠습니까?

▶ W : Where can he contact you?

: Thank you. I'll give him your message.

> ▶ W : 그 분이 손님과 연락할 장소를 말씀해 주십시오.
> C : 감사합니다. 메시지를 전해주십시오.

메시지를 전달할 때

▶ C : Excuse me, I'm expecting a friend but he hasn't arrived yet.

Did he leave a message for me?

W : May I have your name, please?

And may I have his name too, please?

> ▶ C : 죄송합니다만, 내가 친구 한 분을 기다리고 있는데 아직 도착하지 않았습니다.
> 혹시 나에게 전언을 남겨 놓지 않았는지요?
> W : 손님 성함이 어떻게 되십니까?
> 그리고 그 분의 성함을 말씀해 주십시오.

Just a moment, sir. I'll check it for you.

잠깐만요, 손님. 확인해 보겠습니다.

Here's the message from —.

—로부터 온 메시지가 여기 있습니다.

I'm afraid no message has been left for you.

죄송합니다만, 메시지를 남겨 놓지 않았습니다.

I'm afraid they left about 10 minutes ago.

죄송합니다만, 그들은 10분 전에 떠났습니다.

2 건물내 위치를 안내할 때

― 건물내 방향안내

> C : Excuse me, could you tell me where the Coffee Shop is, please ?
>
> W: Yes, sir. It's downstairs in the basement.
>
> C : 죄송합니다만, 커피숍이 어디에 있습니까?
> W : 네, 지하에 있습니다.

손님이 제일 많이 묻는 위치 - 화장실

손님이 종업원에게 묻는 말 중에 가장 흔한 말은 화장실이 어디 있느냐는 것이다. 이런 질문을 받았을 때에는 친절하게 안내해 주어야 하는데, 다음 「네 단계」로 하는 것이 친절성이 돋보인다.

첫째, 가던 길을 멈추고 손님을 정면으로 대한다.

둘째, 화장실이 있는 방향으로 손을 지시한다.

셋째, 위치를 말한다.

넷째, 위치한 쪽으로 한두 발 정도 가는 동작을 취하면서 안내한다.

화장실 안내표현 예

● C : Excuse me, I'm looking for the men's room. Is there one around here?

W : Yes, sir. Go straight down the hall and turn left. It's just around the corner.

> ● C : 죄송합니다만, 숙녀화장실을 찾고 있습니다. 이 근처 어디에 있습니까?
> W : 네, 부인. 통로를 따라 쭉 가시다가 왼쪽으로 가십시오. 코너 근처에 바로 있습니다.

> ※ 여성용 화장실은 lady's room 외에도 lavatory, restroom, washroom, powder room으로도 표현되고 있다.

손님이 장소를 묻는 말 : 위치를 물을 때

● Could you tell me where the grill is, please?

> ● 그릴이 어디에 있습니까?

● How can I get to the manager's office?

> ● 지배인실을 어떻게 갈 수 있습니까?

● I'd like to know where the men's room is?

(Where is the men's room?)

> ● 남자화장실이 어디에 있습니까?

손님이 장소를 묻는 말 : 층수를 물을 때

C : What floor is it on ?

W : It's on the second floor.

> C : 몇 층에 있습니까?
> W : 2층입니다.

C : Which floor is the coffee shop on ?

W : It's in the basement.

> C : 커피숍은 몇 층에 있습니까?
> W : 지하에 있습니다.

장소를 설명할 때

It's $\begin{bmatrix} \textit{next to} \\ \textit{opposite} \\ \textit{before} \\ \textit{behind} \end{bmatrix}$ the Front Desk.

It's $\begin{bmatrix} \textit{on the left of} \\ \textit{on the right of} \end{bmatrix}$ the General manager's office.

◑ It's
You'll see it
] on
 ┌ *your left.*
 │ *your right.*
 │ *your left-hand-side.*
 └ *your right-hand-side.*

◑ It's at the end of the corridor.

◑ It's just around the corner.

가는 방향을 안내(지시)할 때

◑ Go straight ┌ *along* ┐ this ┌ *hall.*
　　　　　　　└ *down* ┘　　　└ *corridor.*

◑ Turn ┌ *left* ┐ at the ┌ *end of the hall.*
　　　　└ *right* ┘　　　　└ *next corner.*

◑ Take the ┌ *elevator* ┐ over there to the third floor.
　　　　　　│ *escalator* │
　　　　　　└ *stairs* ┘

3 가까운 장소를 안내할 때

— 건물내 영업장 안내

C : Excuse me, where is the telephone?

W: Yes, it's over there at the back of the elevator hall.

C : 죄송합니다. 전화는 어디에 있습니까?
W : 예, 엘리베이터가 있는 홀의 뒤쪽에 있습니다.

건물내 각종 영업장을 안내할 때

C : Could you please tell me how to get to the Bar?

W : The Bar is on this floor. Please, go straight along the hallway, turn right at the end and the Bar is on your left.

C : 바는 어떻게 갑니까?
W : 바는 같은 층에 있습니다. 복도를 따라 곧장 가시다가 끝에서 오른쪽으로 가시다 보면 손님에서 볼 때 왼쪽에 바가 있습니다.

The Coffee Shop is on the First Floor of the New Wing.

커피숍은 신관 1층에 있습니다.

안내할 때에는 "Take ~."로 말하면 편리하다.

이 표현은 언뜻 명령형으로 생각되어 손님에게 실례되는 어법 같으나, 「please」를 붙여 말하면 안내하는 말로서는 거부감을 느끼지 않는다.

 C : Excuse me. but I'd like to go to the president's office. Would you tell me where it is ?

W : Oh, it's on the second floor. Go up the stairs or take the elevator to the second floor.

> C : 죄송합니다, 사장님실을 찾고 있습니다. 어디에 있습니까?
> W : 네, 2층에 있습니다. 계단으로 올라가시거나, 엘리베이터를 타십시오.

Take the elevator up to ~, *please.*

> 엘리베이터를 타고 ~까지 가십시오.

Take the hallway, *please.*

> 복도로 나가십시오.

Take a taxi to ~, *please.*

> 택시를 타고 ~로 가십시오.

Take the stairs up to the third floor, *please.*

> 계단을 타고 3층으로 가십시오.

4 유실물에 대한 응대

C : Hello? I had breakfast in your restaurant this morning, and left my bag there. Could you try to find it ?

W: Yes, we have found your bag, sir.

> C : 여보세요. 오늘 아침 그 식당에서 아침을 먹었는데 백을 그곳에 놓고 나왔습니다. 한 번 찾아봐 주시겠습니까?
>
> W : 예, 부인, 가방을 찾아 놓았습니다.

 유실물에 대한 응대표현

◐ Could you describe them, please ?

> ◐ 잃어버린 물건의 모양을 자세히 말씀해 주시겠습니까?

◐ Could you hold the line, please ? I'll check for you.

> ◐ 잠깐 기다리십시오. 체크해 보겠습니다.

◐ Where were you sitting ?

> ◐ 어느 자리에 앉으셨던가요?

◐ Do you remember where you left it ?

> ◐ 어디다 놓고 가셨는지 기억나십니까?

C : Could you send them up to my room?

W : I'm afraid we are very busy at the moment.

Would it be possible for you to come here and collect them?

C : 내 방으로 올려 보내 주겠습니까?

W : 죄송합니다만, 지금 저희들은 대단히 바쁩니다.
이쪽으로 오셔서 찾아가 주시면 어떻겠습니까?

Could you come to the Cashier's Desk at the entrance?

입구쪽에 있는 출납계로 와 주시겠습니까?

I'm afraid that they were not found in the restaurant.

죄송합니다만, 저희 레스토랑에는 없는 것 같습니다.

We found your ~ but they were taken to the Lost and Found Department.

Could you call them on extention 225, please?

손님의 ~을 찾았습니다만, 사내 유실물부로 넘겨졌습니다.
구내 225호를 불러서 알아보십시오.

If we do find it, we'll contact you immediately.

May I have your forwarding address, please?

저희들이 찾는 즉시 연락을 드리겠습니다.
행선지 주소를 말씀해 주십시오.

5 서비스 영어의 *formal*과 *informal*

> C : I'll have the curry.
>
> W: Certainly, sir.
>
> C : 카레이 요리를 주세요.
> W : 네, 그렇게 하겠습니다.

▶ 영어의 *formal*과 *informal*

우리말에는 반말과 존대어가 있으나, 영어는 이러한 개념의 말은 없고 formal(정식)과 informal(약식)으로 구분하고 있으며, 친한 사이는 informal, 공식자리에는 formal로 표현하게 된다. informal이라 하여 우리의 반말은 아니지만, 고급 레스토랑의 종사자로서 쓰는 말은 formal한 영어의 사용이 요구된다.

레스토랑에서 formal과 informal의 사용 예

⬤ *formal* : What seems to be the problem, sir/madam?

informal : What's the problem, sir/madam?

◉ 정식 : 무슨 문제가 있습니까?
약식 : 문제가 있나요?

C : I'll have the rice, please.

W : (*formal*) Certainly, sir.

    (*informal*) Yes, sir.

> C : 라이스로 주십시오.
> W : (정식) 그렇게 하시죠, 손님.
>   (약식) 예, 손님.

C : I'd like to make a reservation.

W : (*formal*) For what day would that be?

    (*informal*) For what day?

> C : 예약을 하겠습니다.
> W : (정식) 며칠로 하시겠습니까?
>   (약식) 며칠이죠?

W : Would you like some water, sir?

C : Some water? Not really, thanks.

W : (*formal*) Very good, sir.

    (*informal*) Right!

> W : 물을 드릴까요?
> C : 물 말씀입니까? 괜찮습니다.
> W : (정식) 좋습니다, 손님.
>   (약식) 예, 손님.

C : We'd like to sit near the window.

W : (*formal*) Very good, sir.

    (*informal*) Fine!

◑ C : 창가 자리를 주시겠습니까?

W : (정식) 예, 그렇게 하겠습니다.

　　(약식) 예.

◑ C : Can we sit near the window?

W : (*formal*) Certainly, sir!

(*informal*) OK. / Right!

◑ C : 창가 자리를 주시겠습니까?

W : (정식) 예, 알겠습니다.

　　(약식) 예.

6 미국식 영어와 영국식 영어

「두 사람 좌석을 예약하겠습니다.」

> 미국영어 : I'd like to reserve a table for two.
> 영국영어 : I'd like to book a table for two.

 레스토랑에서 쓰이는 미국식 용어와 영국식 용어 소개

레스토랑에서 사용된 말로 미국영어와 영국영어가 다른 것을 보면 다음
과 같은 것들이 있다.

	미국영어	영국영어
예약하다	to reserve	to book
엘리베이터	elevator	lift
여행용 가방	luggage	baggage
영화관	movie theater	cinema
주유소	gas station	petrol station
극장	theater	theatre
로터리	traffic circle	roundabout
식당 종사원	(food) server	waiter / waitress
애피타이저	appetizers	starters
석쇠에 굽다	to broil	to grill
감자튀김	French fries	chips

플레이트 서비스	American service	plates service
큰 접시	platter	silver flat
스트레이트(위스키)	straight	neat
콘센트	outlets	electric points
프라이 에그	sunny side up	fried
이력서	resumé	curriculum vitae
잼	jelly	jam
손수레	cart	trolly
프런트 데스크	front desk	reception desk
수도	faucet	tap

손님과의 대화를 위한
여러 영어문형

RESTAURANT ENGLISH
FOR WAITER & WAITRESS

1 손님이 물(커피 등)을 갖다 달라고 할 때

– 네, 갖다 드리겠습니다.

C : I'd like some water.

W : Certainly, sir. I'll bring you a jug of water immediately.

C : 물 좀 갖다 주시겠습니까?
W : 네, 물을 곧 갖다 드리겠습니다.

손님이 무엇을 마시고(먹고) 싶다고 할 때

▶ I'd like some water.

　● 물 좀 갖다 주시겠습니까?

▶ Could I have some coffee ?

　● 커피 좀 마시고 싶습니다.

▶ Can you bring me some tea ?

　● 차 좀 갖다 주시겠습니까?

◑ Please bring me some sugar.

　　◑ 설탕 좀 갖다 주시겠습니까?

　　※ some의 용법 : some은 불특정의 수량을 나타내어 some pencils(연필 몇 자루), some water(약간의 물), for some time(얼마 동안), some juice(약간의 주스)가 있다.

↻ 위의 요구에 '갖다 주겠습니다'의 표현 문형

◑ Certainly, Sir(Madam).

◑ Yes, of course, Sir.

I'll bring you a	cup of coffee.	「커피 한 컵을」
	glass of wine.	「와인 한 잔을」
	bowl of rice.	「밥 한 그릇을」
	basket of fruit.	「과일 바구니를」
	jug of water.	「물주전자를」
	pot of sugar.	「설탕 그릇을」

※ cup은 '뜨거운 것'을, glass는 '찬 것'을 담아낼 때 사용한다.

 서비스

양주와 액량(液量) 단위(liquid measure)

　양주에 관련된 정보는 라벨에 기재된다. 기재된 내용 중 소비자들이 필요로 하는 정보를 가치도 순으로 보면 (1) 이름, (2) 메이커, (3) 숙성연도, (4) 알코올의 표준도수 (proof), (5) 용량 순이 된다. 그런데 우리들은 일상생활에서 용량개념이 없이 단순히 가격개념으로 구매를 선택하는 경향이 높다. 양주의 라벨에 표기되는 액량 단위를 보면 1 litre(1000millilitre = 100centilitre), 75cl(centilitre), one litre 4/5quart(=75cl)로 되어 있는 반면에, 한국산 술에는 720ml(=72cl), 특히 한국인들이 많이 즐기는 한국의 희석식 '2홉들이' 소주는 360ml로 액량표기가 되고 있다. 그런데 양주와 한국소주의 라벨 상 표기에 있어서 양주는 이상 5가지의 정보가 라벨 표면에 크게 기재되어 소비자의 식별이 쉬운 반면, 한국소주의 (4)(5)번 표기는 '돋보기'를 끼고도 찾아 볼 수 없을 정도로 아주 작게 표기한 것이 다르다.

2 손님에게 어떤 행동여부를 물을 때

―"Have you~?" 문형사용

> W : Have you chosen the wine, sir?
>
> C : Yes, I have.
>
> W : 와인을 무엇으로 하실 것인지 결정하셨습니까?
> C : 예, 결정했습니다.

▶ 손님에게 어떤 것을 했는지를 물을 때

「Have + 과거분사」의 문형은 현재완료형으로 하여 어떤 상태가 현재까지 계속되고 있음을 뜻하게 된다. 가령 "내가 돈을 잃었습니다."의 말은 다음 두 가지로 표현할 수 있다.

(1) I lost my money.

(2) I have lost my money.

위 (1)의 말은 과거에 돈을 잃었으나, 지금은 그 돈을 찾았는지 여부가 명료치 않은 경우이다. 그러나 (2)는 과거의 상태가 지금까지 계속됨을 뜻하게 되어, 과거에 잃은 돈을 지금까지 찾지 못하고 있다는 뜻을 내포하게 된다.

따라서 서비스시 손님에게 묻는 말은 과거의 상태를 단순 과거형으로 말하는 것보다 현재완료형으로 묻는 경우가 많다.

현재완료형으로 묻는 말 : "Have you ~?" 문형

▶ Have you lost your wallet, sir ?

> 손님, 지갑을 잃었습니까?

▶ Have you reserved a table, madam ?

> 예약을 하셨습니까?

▶ Have you finished, sir ?

> 손님, 식사는 다 끝났습니까?
>
> ※ "Did you finish your meal, sir ?" 라고는 않는다.

▶ Have you tasted the wine, sir ?

> 손님, 와인 맛을 보셨습니까?

▶ Have you chosen the wine, sir ?

> 와인을 어느 것으로 하실지 결정하셨습니까?

▶ Have you ordered a sweet wine, sir ?

> 스위트 와인으로 주문하셨습니까?

▶ Have you decided what to have ?

> 무엇을 드실지 결정하셨습니까?

3 손님에게 메뉴 선택을 물을 때

-"Would you like~?" 문형사용

> W: Would you like coffee afterwards?
> C : Yes, please.
>
> W:나중에 커피를 드시겠습니까?
> C :네, 커피를 주시기 바랍니다.

🅿 손님에게 메뉴 선택을 물을 때 : *"Would you~?"와 "Will you~ ?"*

　　손님의 의향 및 뜻을 묻는 말로는 "Would you like~?"의 문형을 사용하는 것이 정중한 서비스 영어가 된다. 같은 뜻으로 "Will you~?"로도 사용되나, "Would you~?"는 이보다 더욱 정중한 말이 된다.

"Would you like~?"로 묻는 말

◉ Would you like the vegetable soup or the consommé?

　　◉ 야채수프와 콩소메 중 어느 것을 드시겠습니까?

◉ Would you like the fillet steak or the roast beef?

　　◉ 필레스테이크와 로스트 비프 가운데 어느 것으로 하시겠습니까?

Would you like a juice or the mineral water?

주스와 미네럴 중 어느 것을 드시겠습니까?

Would you like bourbon, rye or malt, sir?

버본, 라이, 몰트(위스키) 중 어느 것으로 하시겠습니까?

What would you like to follow?

이어서 드실 것은 무엇으로 하시겠습니까?

What would you like tonight?

오늘 저녁식사는 무엇으로 하시겠습니까?

What vegetables would you like with your steak, sir?

스테이크에 어떤 야채를 곁들여 드시겠습니까?

What would you like as vegetables, sir?

야채는 어느 것이 좋겠습니까?

4 손님에게 무엇을 건넬 때

─ "여기 있습니다"의 말을 한다.

> W: Here you are, sir, another Manhattan.
> C : Thank you.
>
> W : 맨하탄 한 잔 더 여기 있습니다.
> C : 감사합니다.

 서브할 때 "여기 있습니다"는 말을 한다.

가령, 요리를 손님 앞에 내 놓거나, 기타 물 또는 술 등을 서브할 때 등 상대방에 무엇을 건넬 때에는 반드시 "여기 있습니다"라는 말을 하도록 한다. 무언(無言)으로 서브하면 서비스의 생동감이 없게 된다.

- 거스름돈을 줄 때 「여기 있습니다.」
- 요리를 테이블 위에 놓을 때 「여기 있습니다.」
- 물·술을 갖다 줄 때 「여기 있습니다.」
- 메뉴를 건넬 때 「여기 있습니다.」
- 계산서를 줄 때 「여기 있습니다.」
- 영수증을 줄 때 「여기 있습니다.」

"여기 있습니다"의 여러 표현

▶ Here you are, sir.

　　● 상대방(손님)에게 중점을 두는 표현

▶ Here it is.

　　● 물건에 중점을 두는 표현

▶ Here we are.

　　● 차를 타고 목적지에 토착해서"자, 도착했습니다."

▶ Here you go.

　　● "여기있습니다."의 뜻으로 생동감있는 표현

5 손님이 자주 묻는 말과 적절한 대답

> C : How much is breakfast?
> W: It costs 15 dollars.
>
> C : 아침식사대는 얼마입니까?
> W : 15달러입니다.

▶ 손님이 많이 묻는 말

손님이 물을 수 있는 말에는 여러 가지가 있겠으나, 그 중 묻는 빈도가 높은 것은 가격, 담배 심부름, 영업시간, 신용카드 사용여부, 메뉴 등을 들 수 있을 것이다. 이에 대한 적절한 대답을 알아본다.

손님의 물음에 대한 적절한 대답

ⓒ C : What time does this restaurant close?
　W : We close at 10 : 30.

　　ⓒ C : 이 레스토랑은 몇 시에 문을 닫습니까?
　　　W : 10시 30분에 닫습니다.

C : Can I get some cigarettes here?

W : We sell cigarettes in the lobby.

> C : 담배 좀 사다줄 수 없습니까?
>
> W : 담배는 로비에서 팝니다.

C : Do you take credit cards?

W : We accept most credit cards.

> C : 신용카드를 받습니까?
>
> W : 신용카드는 다 받습니다.

C : How much do you add for service charge?

W : 10% service charge is added to the bill.

> C : 서비스 요금은 얼마입니까?
>
> W : 10% 봉사료가 청구서에 계상됩니다.

C : What time does the bar open?

W : It opens at 10 : 00 in the mornings.

> C : 바는 몇 시에 영업을 시작합니까?
>
> W : 아침 10시에 문을 열고 있습니다.

C : I don't want a full meal. Just an omelette or something. Can I get that here?

W : We serve light meals in the coffee shop.

> C : 식사는 간단히 하겠소. 오믈렛이나 기타 가벼운 메뉴로 하겠는데, 그런 것 여기에서 나옵니까?
>
> W : 커피숍에서 가벼운 메뉴를 제공하고 있습니다.

C : Does your restaurant serve à la carte?

W : We sell set menus as well.

> C : 여기 레스토랑에서는 일품요리만 취급합니까?
> W : 일품요리와 함께 세트정식도 내고 있습니다.

C : How much is lunch?

W : It costs 25.00 dollars.

> C : 런치는 얼마입니까?
> W : 25달러입니다.

Pattern	주요 대답 표현

It	close(s)	at 10 : 30 p.m.
We	open(s)	at 10 : 00 in the mornings.
They	cost(s)	20.00 dollars.
	sell	set menus as well.
	accept	most credit cards.
	serve	light meals in the cafeteria.

6 손님의 의사를 타진할 때

－"Would you~?"와 "Shall I~?"

> W : Would you like me to fill your glass, sir?
>
>   : When shall I bring your salad, sir?
>
> W : 잔에 물을 따라 드릴까요?
>
> C : 샐러드를 언제 갖다 드릴까요?

손님에게 의사를 묻는 말 : "Would you˜?"

◉ Would you <u>like me to</u> fill your glass, sir?

   ◉ 물을 따라 드릴까요?

◉ Would you like ＿＿＿＿＿＿＿＿＿, sir(madam)?

         to see the wine list

         to sit outside

         to help yourself

         to follow me

         me to take your coat

         me to bring your bag

- 와인 리스트를 보시겠습니까?
- 가장자리로 앉으시겠습니까?
- 손수 드십시오.
- 저를 따라 오시겠습니까?
- (제가) 코트를 벗겨 드리겠습니다.
- (제가) 손님 백을 갖다 드리겠습니다.

◑ Where would you like _____, sir?

                        to sit

                        to go

- 어느 쪽 자리에 앉으시겠습니까?
- 어느 곳으로 가시겠습니까?

※ "Would you like to fill your glass?"하면 손님이 직접 물을 따르라는 말이
   되어 전혀 엉뚱한 표현이 되는 것에 유의한다.

손님의 의사를 묻는 말 : "Shall I ~?"

◑ Shall I cancel the order, sir?

   ◑ 주문하신 것을 취소해도 되겠습니까, 손님?

◑ Shall I bring your soup now, sir?

   ◑ 수프를 지금 갖다 드릴까요?

◑ Shall I take it (them) away?

   ◑ (식기 등을) 꺼내도 되겠습니까?

◉ **Shall I open the door?**

　　◉ 문을 열어도 괜찮겠습니까?

　　　※ "Would you like me to open the door?"와 같은 뜻이다.

◉ **What kind of dressing shall I bring to your room?**

　　◉ 손님방으로 어떤 드레싱을 갖다 드릴까요?

◉ **When shall it be?**

　　◉ 그것은 언제로 할까요?

▶ *"Will you~?"*와 *"Shall I~?"*

　　상대의 의사를 타진할 때 쓰는 문형이다. "Will you open the door?"는 "문을 열어 주시겠습니까?"로 상대의 행동을 요구하는 뜻이 있으나, "Shall I open the door?"하면 "내가 문을 열어도 되겠습니까?"로 상대의 의사를 타진하는 의미가 담겨있는 말이다.

　　다음은 레스토랑에서의 대화내용이다.
　　C^1 : Check, please. You are my guest tonight.
　　　　(계산서 가져오시오. 오늘저녁은 내가 내지)
　　C^2 : Oh, no. Let me pay for it.
　　　　(아니야, 내가 낼께)
　　C^1 : Don't worry. This is on me.
　　　　(걱정 말아. 내가 내지)
　　C^2 : *Shall we* split the bill, then?
　　　　(그러면 각자 계산하면 어때?)

C¹ : all right, if you insist.

(좋아, 그렇게 주장하면 할 수 없지)

C¹ : *What shall we* have a drink for dinner?

(저녁식사에 무슨 술로 할까요)

C² : I'd like a whisky on the rocks. How about you, Mike?

(나는 위스키 온더락스로 하겠습니다. 마이크, 당신은 어떻게 하시겠어요)

C¹ : *Shall* I get some more tea?

(차를 좀더 채워 주시겠습니까.)

C¹ : *Shall* we have another drink?

(술 한잔 더 하시겠습니까?)

7 손님의 요구에 응답할 때

-"I'll get~?"의 문형

> C : I dropped my knife on the floor.
> W: I'll get you a clean one, sir.
>
> C : 나이프를 떨어 뜨렸습니다.
> W : 새 것으로 갖다 드리겠습니다.

▣ 손님에게 식기 등을 새 것으로 갈아줄 때에는 무언(無言)으로 하는 것보다 "네, 곧 갖다 드리겠습니다"라고 말하는 것이 보다 활력있게 받아들여질 수 있으며, 또한 손님 앞에 갖고 온 것을 내밀 때에도 "여기 있습니다"라는 말을 잊지 않도록 한다.

이럴 때에는 이런 말을 한다.

■■■ 요리가 잘 익지 않았다는 손님의 말에

I'll take it away, and I'll ask the chef about it.

「이 요리를 내가겠습니다. 그리고 주방장에게 한 번 물어 보겠습니다.」

■■■ 손님이 계산서를 달라고 할 때

I'll get you the bill, sir.
「청구서를 갖다 드리겠습니다.」

■■■ 손님이 물컵, 주스잔을 넘어뜨렸을 때

I'll fetch another table cloth, sir.
「식탁보를 다른 것으로 갖다 드리겠습니다.」

■■■ 손님이 와인 맛이 없다 할 때

I'll bring (ask) the wine waiter, sir.
「와인 웨이터를 불러오겠습니다.」

■■■ 손님이 메뉴를 보자고 할 때

I'll get you the menu(bar list), sir.
「메뉴(바 리스트)를 갖다 드리겠습니다.」

■■■ 손님이 가방을 어디에다 놓아달라고 할 때

I'll leave it in the cloakroom, sir.
「(가방 등을) 휴대용 보관소에 맡겨 놓겠습니다.」

■■■ 손님이 짐을 들어 달라고 할 때

I'll bring them to your table, sir.
「손님 테이블로 갖다 놓겠습니다.」

■■■ 손님이 무슨 메시지가 온 것이 없는가를 물어 볼 때

I'll ask at reception for you, sir.
「접수대(프런트)에 가서 물어 보겠습니다.」

손님이 다른 것을 갖다달라고 할 때

C : Can you get me a different fork?

This one's bent.

W : I'm very sorry, sir.

I'll bring you another one immediately.

> C : 다른 포크를 갖다 주시겠습니까?
>   이것은 휘어져 있습니다.
> W : 대단히 죄송합니다.
>   새 것으로 곧 갖다 드리겠습니다.

C : I'm having fish but I haven't got the right knife for it.

W : I'm very sorry, sir.

I'll bring you a fish knife immediately.

> C : 생선요리를 먹으려는데 피쉬 나이프가 없습니다.
> W : 대단히 죄송합니다.
>   피쉬 나이프를 곧바로 갖다 드리겠습니다.

C : Room service! You've sent us up some jam but there's no spoon with it.

W : We'll send you up a jam spoon immediately.

> C : 룸서비스, 여기 잼은 가져왔는데, 스푼은 안가져왔습니다.
> W : 곧 스푼을 갖다 드리겠습니다.

C : You've brought us the wine.

Now how about some glasses?

W : I'll bring you some wine glasses.

ⓒ C : 와인을 가져왔는데, 왜 잔이 없지요?
   W : 와인잔을 곧 갖다 드리겠습니다.

ⓒ C : I'd like to smoke but there's no ash tray on this table.

   W : I'm very sorry, sir. I'll bring you an ash tray immediately.

ⓒ C : 담배를 피우려는데 재떨이가 없습니다.
   W : 대단히 죄송합니다. 곧 재떨이를 갖다 드리겠습니다.

Pattern	「 ~을 갖다 준다」의 표현

I'll	get	you another cloth, / you a clean cloth,	sir.
	ask	at reception, / the chef about it,	madam.
	bring	another table cloth to you, / the wine waiter,	
	fetch	a clean knife to you, / a fork to you,	

8 손님에게 무엇을 물을 때

—"Where(Which) would you like~?"

> W : Where would you like to sit, sir?
>
> W : 어느 곳에 앉으시겠습니까?

손님이 묻는 여러 경우

◉ W : Where would you prefer to sit, sir?

　 C : By the window, please.

　　◉ W : 어느 좌석에 앉으시겠습니까?
　　　 C : 글쎄요, 창쪽이 좋겠습니다.

◉ Would you like me to fill your glass, sir?

　　◉ (물·와인 등을) 잔에 따라 드릴까요?

◉ Would you like to help yourself, madam?

　　◉ (음식을) 드십시오.

◉ Would you like to follow me, madam?

　　◉ 저를 따라 오시겠습니까?

◉ Would you like me to take your coat, madam?

　　◉ 코트를 벗어 저에게 주시겠습니까?
　　　부인, 제가 코트를 받아들이겠습니다.

　　※ 부인이 코트를 벗을 때 옆에서 도와주는 경우이다.

▶ *공손한 질문은* "Would you ~ ?"*로*

① Would you like to sit, sir?

　「앉으시겠습니까, 손님?」

② Where would you like to sit, sir?

　「어디에 앉으시겠습니까?」

③ Where would you prefer to sit, sir?

　「어느 좌석에 앉기를 원하십니까?」

※ ①은 자리에 앉기를 권할 때, ②는 좌석의 위치를 물을 때, ③은 창가, 중앙에 위치한
자리, 문쪽자리 등을 선택할 때 사용한다.

9 손님에게 무엇을 요구할 때

-"Would you mind ~ing ~?"

> W: Would you mind coming with me, sir?
> I'll take you to the manager.
>
> W : 손님, 저를 따라와 주시겠습니까?
> 　　지배인에게 모시겠습니다.

▶ 레스토랑 내의 질서를 바로잡기 위한 조치

　　레스토랑 내에서 손님의 어떤 행동을 요구하는 말은 항상 '정중'하여야 하며, 말의 톤도 낮게 하여 손님으로 하여금 자존심을 상하지 않도록 한다.

손님에게 요구하는 정중한 표현

■■■ 손님이 화가 나서 지배인을 부를 때

Would you mind coming with me, sir? I'll take you to the manager.

「손님, 저를 따라 오시겠습니까? 지배인에게 모시겠습니다.」

■■■ 좌석이 만원이어서 기다리게 할 때

Would you mind waiting for five minutes, sir? We're full at the moment.

「5분만 기다려 주시겠습니까? 지금 빈 좌석이 없습니다.」

■■■ 손님의 말소리가 크게 들릴 때

Would you mind lowering your voices, gentleman?
I'm afraid you're disturbing the other guests.

「손님, 좀 조용히 해 주시겠습니까? 다른 손님에 폐가 될 것 같습니다.」

■■■ 서브중 손님이 부를 때

Would you mind waiting a moment? I'm serving this lady.

잠깐만 기다려 주시겠습니까? 지금 이 부인 손님의 시중을 들고 있는 중입니다.

※ 양쪽에서 손님이 부를 때에는 일단 "Yes, I'll be right with you."(곧 가겠습니다)라고 대답한다. 그리고 한쪽 손님에게 서브한다.

■■■ 예약된 자리에 다른 손님이 앉아 있을 때

Would you mind moving, madam? This table is reserved.

「부인, 자리를 옮겨 주시겠습니까? 이 자리는 예약석입니다.」

■■■ 손님이 자리에 앉지 않고 서성대고 있을 때

Would you mind sitting here, sir? All the other tables are occupied.

「여기에 앉으시겠습니까, 손님? 다른 손님들은 모두 자리를 잡고 계십니다.」

📖 "Would you mind ···ing ~?"의 문형

동사 mind는 "염려하다"로 쓰여 주로 부정, 의문, 조건문에서 무엇을 **의뢰**할 때 정중한 어법이 된다. 그런데 이 같은 문형의 말에 허가를 할 때 yes/no의 사용에 특히 조심을 해야 한다. "Yes."라고 하면 허가를 뜻한 말이 아니라 불허의 의미가 되어, 가령 "Do you mind?"의 질문에 "Not at all.", "Of course not."이라고 해야 "괜찮습니다"로 허가가 된다. 구어에서는 허가의 말로 "Sure.", "Surely."("그러시죠.")로 많이 사용한다.

A : Do you mind if I use your telephone?
   (전화 좀 써도 되겠습니다.)
B : Not at all. Go ahead.
   (괜찮습니다. 쓰시죠)

A : Do you (would you) *mind getting* me something to eat?
   (무엇 먹을 것 좀 갖다 주겠습니까.)
B : With, pleasure.
   (예, (기꺼이)그러겠습니다.)

A : Would you mind moving along slightly?
   (조금씩 움직여 나가 주시면 좋겠습니다.)
B : Sure, Surely.
   (물론입니다.)

A : Would you *mind* stay*ing* here for a while? I'll be right back.
   (잠깐 여기 계셔 주시겠습니까. 곧 돌아오겠습니다.)
B : No, I'm afraid not. Go ahead.
   (괜찮습니다. 갔다오십시오.)

10 식기 등이 더럽다(없다) 등 손님의 불만이 있을 때

−I'm very sorry, I'll bring immediately.

C : There's no ashtray on the table.

W : I'm very sorry, sir. I'll bring you one.

　　C : 테이블에 재떨이가 없군요. (갖다 주세요.)
　　W : 죄송합니다. 곧 가져다 드리겠습니다.

　　※ I'm sorry, sir. This is no smoking area, sir.
　　　 (죄송합니다. 여기는 금연지역입니다, 손님)

손님의 식기에 대한 불만 표현

◐ This glass is *dirty*!

　　　　　　　cracked!

　　　　　　　smeared!

　　　　　　　spotted!

　◑ 이 글래스는 더럽습니다.
　　금이 갔습니다.
　　기름기가 묻어 있습니다.
　　얼룩이 졌습니다.

▶ There is a plate(glass) missing.

　　▶ 플레이트(글래스)가 빠졌습니다.

▶ I dropped my fork on the floor.

　　▶ 포크를 땅에 떨어뜨렸습니다.

▶ There's no knife (fork/spoon) on the table.

　　▶ 나이프(포크/스푼)가 테이블에 놓여 있지 않습니다.

「죄송합니다, 곧 갖다 드리겠습니다」의 종업원말

▶ I'm very sorry, sir. I'll bring you one immediately.

　　▶ 대단히 죄송합니다. 곧 갖다 드리겠습니다.

▶ I'll bring you a fish knife immediately.

　　▶ 피시 나이프를 곧 갖다 드리겠습니다.

▶ I'll bring you some wine glasses immediately.

　　▶ 와인잔을 곧 갖다 드리겠습니다.(잔이 둘 이상일 때)

▶ We'll send you up a butter knife immediately.

　　▶ 버터 나이프를 곧 보내드리겠습니다.

▶ We'll send you up another cup immediately.

　　▶ 컵을 다른 것으로 곧 보내드리겠습니다.

Pattern

| I'm very sorry, Sir(Madam). | I'll bring you
We'll send you up | some wine glasses
a fish knife
another cup | immediately. |

　　send up은 음식 등을 식탁에 내놓다의 뜻. 여기에서 유의할 것은 갖다 줄 와인잔, 글래스, 나이프가 가산명사인지 여부에 따라 a, another, some 중 어느 것을 붙여 말하느냐이다. 가령,

　　A : Could you bring us some other plates?

　　B : I'll bring you a spoon and *some other* plates.

　　　　A : 플레이트를 다른 것으로 갖다 주세요.

　　　　B : 스푼 하나와 다른 플레이트를 다른 것으로 가져다 드리겠습니다.

라고 할 때, some은 복수의 경우에 붙여 말하게 된다.

▶ 단수로 받는 경우

　　a fish knife　　　a steak knife　　　a coffee spoon

　　a soup plate　　　a butter dish　　　an ash tray

▶ 복수로 받는 경우

　　sugar tongs(설탕집게)　　　　　nut crackers(호두까는 기구)

　　salt and pepper shakers(소금, 후춧가루 세이커)

　　ice tongs(어름집게)

　　cf. a water jug　　　물을 담을 수 있는(비어있는 상태) 주전자

　　　　a jug of water　　　물이 용기내에 들어 있는 주전자

▶ *some*과 *any*의 용법

긍정문에서는 some을, 부정문, 의문문, 조건문에서는 any를 쓰는 것이 원칙이다.

"I want *some* money. Could you lend me some?(돈 좀 필요한데 빌려주겠어요?)"가 있다. "If you want *any* coffee, I'll give you *some*(coffee)(커피를 원하신다면 좀 드리겠습니다)."가 있다. 그럼에도 불구하고 '권유' 등을 나타내며, 부정적 의미를 갖지 않은 경우에는 some을 쓸 수 있다. 가령 "Will you have *some* more coffee?(커피를 조금 더 드시지 않겠습니까?)", "Won't you have *some* cookies?(쿠키를 좀 드시겠습니까?)"가 있다.

I'd like		water. /cream.
Could I have		coffee? / jam?
Could you bring me	**some** (more)	tea? / sugar?
Please bring us		wine. / fruit.

위에서 some more는 불가산 명사에 부쳐 음식을 추가(second help) 할 때 사용한다. 가령 "I'd like some coffee."라고 할 때는 커피를 주문한 경우이나 "I'd like some more coffee."하면 커피를 마시다가 좀 부족하여 refill을 요구 할 때 사용한다. 가산명사에 부쳐 가령 "Can I have another roll?"하면 roll을 하나 더(only one) 먹겠다는 뜻이며, "Can I have some more rolls?"하면 roll을 3개 정도 갖다 달라는 주문이 된다.

▶ another와 the other

"We'll send you another cup immediately(컵을 다른 것으로 곧 보내 드리겠습니다)."는 테이블에 놓인 컵을 새것으로 바꾸어 주는 경우에 쓰인 말이다. another와 the other에서 전자는 an+other, 즉 <부정관사+other>형이며, 후자는 <정관사+other>형이다. 따라서 양자의 차이는 다음과 같다.

another는 'one more of the same kind(같은 종류 가운데 하나)'를 의미하며, the other는 단수명사 앞에 쓰여 '그 밖의(additional)' 종류, 성질이 틀린 다른 것을 의미한다. 위 예문에서의 another cup은 같은 종류의 컵으로 다른 것을 갖다 준다는 말이 되나, the other가 되면 다른 종류의 컵이 되어버린다.

(1) May I have another piece of pie?

(이 파이를 한쪽 더 잘라서 먹어도 되겠습니까?)

(2) May I have the other piece of pie?

(2)는 (1)의 pie가 아닌 또 다른 pie을 잘라먹겠다는 의미가 된다는데 유의한다. 또한 "Raise the other hand(다른 손을 들으세요)."는 맞는 말이나 "Raise another hand."하면 틀린 말이 된다.

(3) My folk isn't clean(포크가 더럽습니다).

I'll bring you another one(다른 것으로 가져다 드리겠습니다).

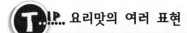

요리맛의 여러 표현

레스토랑에서 요리를 주문했을 때 요리상태가 잘못되어 맛을 잃은 경우가 많다. 이럴 때 종업원에게 그 요리에 대한 컴플레인을 영어로 어떻게 표현하는지 알아본다.

수프

This soup is cold!(이 수프가 식었습니다.)
- lukewarm (미지근하다)
- tasteless (맛이 없다)
- flavorless (풍미가 없다)

스테이크

This steak is underdone! (이 스테이크가 덜 익었습니다.)
- overdone (너무 익혔다)
- hard (굳었다)
- tough (질기다)
- dry (말랐다)

샐러드

This salad is old. (샐러드가 만든 지 오래된 것 같습니다.)
- limp (흐늘흐늘하다)
- too oily (기름이 많다)
- not fresh (신선치 않다)

음식맛

This food tastes strange! (이 음식맛이 변했습니다.)
- funny (이상하다)
- awful (형편없다)
- bad (맛이 나쁘다)
- salty (짜다)

토스트

This toast is too dark! (토스트를 너무 구웠습니다.)

Unit 4

일반 오더테이킹에 따른
영어표현

1 오더 테이킹의 일반표현 : *order taking* ①

> W: May I take your order now?
> C : Yes, I'd like an American Breakfast.
>
> W : 지금 주문하시겠습니까?
> C : 네, 아침식사는 아메리칸식으로 하겠습니다.

주문을 받을 때

◐ May I take your order?

  ◐ 주문하시겠습니까?

◐ May I take your order for your main dish now?

  ◐ 주요리를 지금 주문하시겠습니까?

◐ Could you call a waiter when you are ready to order?

  ◐ 주문하시고 싶을 때 웨이터를 불러 주십시오.

◐ What would you like to order, sir?

  ◐ 어떤 요리를 주문하시겠습니까?

◐ May I show you our menu?

Please take your time.

> ◐ 메뉴를 보여 드리겠습니다.
> 메뉴를 천천히 보십시오.

◐ Good evening. My name's Lee Kil-soo.

I'll be serving you this evening.

May I take your order?

> ◐ 안녕하십니까? 이길수입니다.
> 오늘 저녁 담당 웨이터입니다.
> 주문하시겠습니까?

◐ Are you ready to order now, sir?

> ◐ 지금 주문하시겠습니까?

◐ Could you repeat the order, please?

> ◐ 다시 한 번 주문하셨던 요리를 말씀해 주시겠습니까?

◐ May I help you, sir?

> ◐ (무엇을) 도와 드릴까요?

메뉴를 손님에게 내보일 때

 Here's your menu.

> 메뉴 여기 있습니다.

May I show you our breakfast menu?
Take your time.

> 아침식사 메뉴를 보여 드리겠습니다.
> 보시고 주문해 주십시오.

Here's the dinner menu.

> 여기에 저녁식사 메뉴가 있습니다.

손님이 주문을 할 때

W : Would you like to order now, sir?
C : Yes, I think we're ready.
W : Sure, go ahead.

> W : 지금 주문하시겠습니까?
> C : 예, 주문하겠습니다.
> W : 예, 말씀하십시오.

Yes, I'd like the steak, please.

> 주문하겠습니다. 스테이크로 하겠습니다.

● Yes, I think I'll have roast beef.

　　● 예, 로스트 비프로 할까 합니다.

● We'd like this course for two, please.

　　● 이 코스 요리로 2인분을 주세요.

손님이 메뉴를 결정하지 못할 때

● I haven't decided yet.

　　● 아직 결정을 못했습니다.

● I can't make up my mind about a main course.

　　● 메인코스로 무엇을 주문해야 할지 결정을 못했습니다.

● I'm wondering about the soup.

　　● 수프를 무엇으로 먹을까 하고 있습니다.

● I'll order more later.

　　● 조금 있다 주문하겠습니다.

메뉴에 없는 것을 주문할 때

I'm afraid it is not on our breakfast menu.

　죄송합니다만, 그것은 저희 아침메뉴에 없습니다.

I'm afraid we don't have your order on our menu.

　죄송합니다. 손님이 주문하신 요리는 저희 메뉴에는 없습니다.

W : I'm sorry, spaghetti is not on the menu.

C : Can you make some for me?

W : Just a moment, please. I'll ask.

We can make some for you.

　W : 죄송합니다. 스파게티가 저희 메뉴에는 없습니다.
　C : (메뉴가 없다면) 특별히 만들어 줄 수는 없습니까?
　W : 잠깐 기다려 보십시오. 물어 보겠습니다.
　　　손님이 주문하신 요리는 별도로 만들 수 있겠습니다.

Pattern 오더 테이킹

| May I take | *your order* | , | sir | ? |
| Can I have | | | madam | |

Are you ready	*to order*
Would you like	
What would you like	

서비스

메뉴의 기본

손님의 오더를 받을 때에는 menu에 나타난 것만을 취급하게 된다. menu의 구성을 보면 다음과 같다.

① 전채(前菜)(hors d'oeuvres) — 영어로는 appetizer라고도 말한다. main dish를 먹기 위한 첫 단계요리로 일종의 식욕촉진제이다. 수프는 이 단계의 요리이다.

② 魚요리(fish dishes) — 생선요리로 잠새우 튀김요리 등이 이에 해당된다.

③ 肉요리(meat dishes) — 이 코스가 본격요리로 steak류가 제공되며 beef steak가 이에 해당된다.

④ 샐러드(salads) — 고기요리에 곁들여 먹는다.

⑤ 디저트(desserts) — 식후에 나오는 코스로 아이스크림이 여기에 해당된다.

⑥ 음료(beverage) — 커피, 티, 주스 등이 여기에 해당된다.

2 코스별 오더 테이킹 : *order taking* ②

W: Would you care for an aperitif?

W: What would you like to go with that, sir?

W : 식사 전에 마실 것은 무엇으로 하시겠습니까?

W : 그것(손님의 오더)과 같이 드실 것으로는 무엇으로 할까요?

코스에 따라 주문을 받을 때

① Would you care for an aperitif?

식전주를 드시겠습니까?

② Would you care for sherry as an aperitif?

아페리티프로 쉐리를 드시겠습니까?

And what else would you like?

그밖에 더 주문하실 것은 없으십니까?

※ ①의 표현보다 ②로 묻는 것이 더 판촉적 의미가 있는 말이 된다. 그리고 And로 묻는
것은 주문을 이어서 받을 때의 표현이다.

Do you care for anything to drink?

마실 것으로 무엇으로 하시겠습니까?

C : I'll have the prawn cocktail.

W : Prawn cocktail. And to follow, sir?

> C : 참새우 칵테일로 하겠소.
> W : 참새우 칵테일이십니까(확인부분)? 그리고 이어서 드실 것은 무엇으로 하시겠습니까?

What would you like tonight?

> 오늘 저녁 무엇으로 드시겠습니까?

What can I get you, sir?

> 무엇으로 드릴까요?

And what would you like to follow, sir?

> 이어서 드실 것은 무엇으로 하시겠습니까?

And would you like coffee afterwards?

> 나중에 커피를 드시겠습니까?

And what would you like after that?

> 다음으로는 무엇으로 드시겠습니까?

Pattern	주문할 때

	Would you	care for	*sherry*	?
		like	*some coffee*	
What	would you	like	*coffee afterwards*	
And what			*to follow*	
			after that	

코스별 주문의 구체적 사례

■■■처음 손님에 주문을 받을 때

W : May I take your order?

C : Yes, I'll have a pineapple juice, please.

> W : 주문하시겠습니까?
>
> G : 예, 파인애플 주스로 주십시오.

■■■다른 주문이 더 없는지를 묻는다.

W : Will there be anything else?

C : Oh, a boiled egg with toast, please.

> W : 다른 건 더 없으십니까?
>
> C : 아, 익힌 계란과 토스트 부탁합니다.

※ "더 없습니까?"의 표현으로 "Is that all?"라는 말은 삼간다.

■■■ 다음 단계로 이어서 먹을 것을 주문토록 한다.

W : And what would you like after that?

C : I'd like tea to follow.

　　　◎ W : 다음으로는 무엇을 드시겠습니까?

　　　　C : 차를 마시겠습니다.

■■■ 주문할 것을 구체적으로 말하여 손님으로 하여금 선택케 한다.

W : Would you like soup or salad?

C : I'd like the salad.

W : Something to drink, sir?

C : A martini now, please.

　　　◎ W : 수프와 샐러드 중 어느 것이 좋으시겠습니까?

　　　　G : 샐러드로 하겠습니다.

　　　　W : 마실 것은 무엇으로 하시겠습니까?

　　　　G : 마티니 부탁합니다.

3 주문의 구체화를 위한 오더 테이킹 : *order taking* ③

C : Whisky, please.

W : Would you like bourbon, rye or malt, sir?

　C : 위스키를 주시오.

　W : 버본, 라이, 몰트(위스키) 어느 것으로 드시겠습니까?

▶ 손님이 주문을 구체화할 때

　가령 손님이 "나, 소주 들겠소"라고 할 때 종업원은 이를 구체화시켜 "진로로 드시겠습니까?", "그린 소주로 하시겠습니까?" 식으로 소주의 「상표명」을 들어 선택케 하는 것을 말한다. 다시 말하면 구체화는 'making suggestion'의 의미이다.

손님의 주문을 구체화하는 오더 테이킹의 예

　C : I'd like some kind of aperitif.

　W : Would you like a Tio Pepe or Grahams White Port?

　　C : 아페리티프(식전주)로 좀 마시고 싶습니다.

　　W : 티오페페나 그레이엄즈 화이트 포트 중 어느 것으로 하시겠습니까?

C : I could do with a Vermouth.

W : Would you like a Dubonnet or a Martini?

　　C : 베르무트로 하겠습니다.
　　W : 뒤보네와 마티니 중 어느 것으로 하시겠습니까?

C : I want something soft.

W : Would you like a juice or a mineral water, sir?

　　C : 소프트 드링크(주류가 아닌) 하고 싶습니다.
　　W : 주스와 미네럴 중 어느 것으로 하시겠습니까, 부인?

Pattern	손님 주문의 구체화

〈손님의 주문(G)〉　　　　　〈주문의 구체화(W)〉

■ I'd like a whisky, please. ■ Would you like _____ ?
　　　　　　　　　　　　　　　- Scotch Proprietary or Scotch
　　　　　　　　　　　　　　　　Regular/Rye/Bourbon/Malt & Deluxe

■ I'll have a rum, please. ■ Would you like _____ ?
　　　　　　　　　　　　　　　- Commodore or Bacardi

■ I want a aperitif, please. ■ Would you like _____ ?
　　　　　　　　　　　　　　　- Campari, Grahams White Port
　　　　　　　　　　　　　　　　or Bristol Cream

※ 주문의 구체화는 술의 상품명을 말하는 것으로, 메뉴에 기재된 것을 반복해서 읽어주
　면 된다.

4 주문순서에 따른 오더 테이킹 : *to start with*와 *to follow*

C : I'll start with the mussels.

W: Mussels, yes, sir. And what would you like to follow, sir ?

C : 나는 홍합요리(mussels [mʌslz])로 (시작)하겠습니다.
W : 마즐즈로 하시겠습니까?(확인부분) 다음은 무엇으로 드시겠습니까?

 손님의 주문순서에 따라 오더 테이킹의 표현

■■■첫 코스 요리(또는 음료)를 손님이 지정해서 주문할 때

◉ C : I want something hot to start with.

W : Would you like the soup, sir ?

◉ C : 더운 요리로 된 것을 먼저 먹고 싶습니다.
W : 수프를 드시겠습니까, 손님?

◉ I think I'll have the prawn cocktail to start with, please.

◉ 참새우 칵테일부터 먼저 시작할까 합니다.

◉ C : I'd like fish as a starter.

W : Would you like the Smoked Salmon, madam ?

> ◉ C : 생선요리부터 먼저 먹겠습니다.
> W : 훈제연어를 드시겠습니까, 부인?

◉ G¹ : Bill, a drink to start with ?

G² : A double whisky on the rocks for me.

W : And what would you like after that ?

> ◉ G1: 빌, 식사전에 술 한 잔 할까?
> G2: 나는 위스키 온더락스 더블로 주시기 바랍니다.
> W : 요리로는 무엇으로 드시겠습니까?

◉ What shall I start with ?

> ◉ 무엇부터 먼저 먹는 것이 좋겠습니까?

■■ 종업원이 첫 코스로 무엇을 시킬 것인지를 물을 때

◉ W : And will you be having a starter?

C : Sure. The curried prawns, please.

> ◉ W : 첫코스로 무엇부터 시키겠습니까?
> C : 커리 프론을 주시기 바랍니다.

◉ W : Anything to follow, sir?

C : Moussaka, please.

> ◉ W : 이어서 드실 것은 없습니까?
> C : 무사카를 주시기 바랍니다.

▶ 'to start with'와 'to follow'의 차이

양식은 코스요리이기 때문에 코스순으로 '첫번째'로 먹는다는 의미로 'to start with'를 사용하며, 그 다음 '이어서' 먹는다할 때는 'to follow'가 된다. 가령 수프, 술, 스테이크 등을 먹고 마신다고 할 때, 이 중 제일 첫코스 주문이라는 의미로 'I'll have a drink to start with.'라 하며, 'to follow'를 붙이면 가령 수프를 먹은 후에 술을 '이어서' 마시겠다는 뜻이 된다.

① I'll have a drink.
② I'll have a drink *to start with.*
③ I'll have a drink *to follow.*

①은 술을 마시겠다는 뜻만 있다. 처음 순서로 마실 것인지, 다른 요리를 먹다가 중간에 마실 것인지를 모르는 말이 된다.

②는 무엇보다 술부터 먼저 마시고 싶다는 의미가 되어, 요리를 먹기 전에 술을 주문할 때의 말이다.

③은 가령 "I'd like the soup of the day. And I'll have a drink to follow."하면 "수프를 먼저 먹고 난 후에 술을 들겠다"는 뜻이 된다. 다른 예로는

To start with, I must thank you for your advice.
(무엇보다도 먼저 당신의 충고에 감사드립니다.)

To start with, I've had enough meat, so tonight I'll have kind of fish.
(저번에는 고기를 많이 없어 오늘 밤에는 생선요리부터 시작하겠습니다.)

5 손님으로 하여금 메뉴를 선택케 할 때

KEY word

W: Which would you prefer toast or rolls?

C : Some rolls, please.

W : 토스트나 롤빵 어느 것으로 드시겠습니까?

C : 롤빵으로 하겠습니다.

손님에게 선호(選好)를 묻는 말

◉ Which would you *prefer* tea or coffee?

◉ 홍차, 커피 어느 것으로 하시겠습니까?

◉ We serve ham or bacon with your eggs.

Which would you *prefer*?

◉ 햄버거나 베이컨 에그를 취급하고 있습니다.
둘 중 어느 것으로 하시겠습니까?

◉ What kind of salad dressing would you *prefer*?

◉ 어느 드레싱을 원하십니까?

◉ Which flavor would you *prefer*, A or B?

◉ A, B 중 어느 향을 좋아하십니까?

Pattern	선호를 묻는 표현

	Would you prefer	*tea or coffee* ?
Which Which brand What kind of wine	would you prefer	*A or B*

🅿 선택과 선호

테이블에서 식음료를 주문한다는 것은 메뉴상에 기재되어 있는 요리나 음료를 선택하는 것을 말한다. **choice**는 많은 것 중에서 자기 의사로 선택하는 것을 의미하여, "For lunch, we had the choice of chicken with a wide of choice of desserts(점심으로 우리들은 치킨에 여러 가지 디저트로 먹었다)."가 있다. **preference**는 기호에 의한 선택으로 동사 prefer는 "Which do you prefer, A or B?(A, B 중 어느 것이 더 좋습니까?)"의 물음에 "I prefer A to B(나는 B보다 A를 더 좋아합니다)."가 있는데 특히 'prefer ~ to ~'의 문형에서 A/B간의 선호 위치에 착오가 없도록 주의한다.

    W: Which do you prefer, beer or wine to start with?
       (먼저 맥주와 와인 중에서 어느 것으로 드시겠습니까)
    C : Well, I'd prefer wine to beer.
       (맥주보다 와인으로 하겠습니다.)

6 오더에 응하지 못할 때

K EY word

C : Well, I'd really like the roast of lamb.

W: I'm very sorry, sir. We don't have it tonight.

　　C : 로스트 등심 양고기를 들겠습니다.

　　W : 죄송합니다만 오늘밤에는 준비가 안됐습니다.

▶ 손님의 오더

일반적으로 손님이 오더를 하는 가운데 메뉴에 나와 있는 요리가 당일 준비가 안되어 서브를 못하는 경우가 있을 것이다.

오더에 응하지 못할 때

▶ I'm sorry, sir. That won't be possible.

　　▶ 죄송합니다, 손님. 그것은 안되겠습니다.

　　※ '안된다'할 때, 'impossible'은 사용하지 않도록 주의한다.

▶ I'm very sorry, madam. We don't have it tonight.

　　▶ 대단히 죄송합니다, 부인. 오늘 저녁에는 그 메뉴를 준비하지 못했습니다.

C : A half-bottle of the St. Emilion

W : I'm very sorry, sir. We only have whole bottles of St. Emilion.

> C : 작은 병으로 에밀톤을 주세요.
> W : 죄송합니다, 손님. 저희들은 큰 병술만을 취급하고 있습니다.

C : I'm going for the cherry and almond tart.

W : I don't know if that will be possible, sir.
   I'll ask the head waiter.

> C : 체리 아몬드 타트파이로 하겠습니다.
> W : 그것이 되는지를 헤드웨이터에 알아 보겠습니다.

C : Do you have any Blue cheese dressing?

W : I'm afraid not, but I would recommend the French dressing.

> C : 블루치즈 드레싱이 있습니까?
> W : 죄송합니다만, 프렌치 드레싱을 권하고 싶습니다.

I'm afraid it has been sold out.

> 죄송합니다만 품절상태입니다.

I'm afraid it is not on the menu.

> 죄송합니다만 메뉴에 없는 요리입니다.

It must be ordered a day in advance.

> 하루 전에 미리 주문을 하셔야 합니다.

응하지 못한 주문에 다른 메뉴를 권할 때

응하지 못한 주문은 다른 메뉴로 권해본다. 일단 주문한 요리는 사정상 낼 수 없다는 뜻을 표한 후, 다른 메뉴를 권하도록 한다.

▶ … But I can recommend the — , *it's excellent.*

▶ … 그러나 -을 권하고 싶습니다. 맛이 좋습니다.

▶ Would you like _____ ?

▶ _____ 요리를 권하고 싶습니다.

▶ Would you like _____ , instead?

▶ _____을 대신 드셔보시겠습니까?

▶ C : Well, I'll have Turbot with crab sauce.

W : I'm very sorry, sir.

We don't have it today.

Would you like Stuffed fillets of sole?

▶ C : 크랩소스를 친 터버트(가자미)로 하겠습니다.
W : 대단히 죄송합니다, 손님.
오늘은 그 요리가 없습니다.
혀가자미 요리는 어떻습니까?

7 손님의 주문을 구체적으로 되물어 선택케 한다

> C : I'd like fish as a starter.
>
> W: Would you like the smoked salmon, sir?
>
> C : 생선요리부터 먼저 먹겠습니다.
> W : 훈제연어를 드시겠습니까, 부인?

손님의 주문을 구체화하여 받을 때

soup

> C : I'd like some soup as a starter.
>
> W : Would you like vegetable soup or the consommé?
>
> > C : 수프로 시작하겠습니다.
> > W : 야채, 콩소메 어느 것으로 하시겠습니까?

wine

> C : Have you got a any German wine?
>
> W : Yes, sir. Would you like the Baden dry, sir, or perhaps the Piesporter?
>
> > C : 독일산 와인 있습니까?
> > W : 예, 바덴 드라이, 피에스 포터 어느 것으로 하시겠습니까?

■■■main course

  C : I want something light as a main course.

  W : Would you like a salad, sir?

>   C : 메인 요리는 간단한 것으로 하겠습니다.
>   W : 샐러드로 드시겠습니까?

■■■eggs

  C : Have you got something with eggs?

  W : Would you like the omelette, sir?

>   C : 계란으로 된 것으로 무엇이 있습니까?
>   W : 오믈렛으로 드시겠습니까?

서비스

주문받는 요령

손님의 주문	주문의 구체화
• 와인을 마시고 싶습니다.	• red 또는 white, rose 어느 것으로 하시겠습니까?
• 위스키를 들겠습니다.	• 위스키소다, 온더락스, 위스키 워터 어느 것으로 드시겠습니까?
• 수프를 먹겠습니다.	• 야채수프, 크림수프 어느 것으로 하시겠습니까?
• 생선요리를 하겠습니다.	• 메뉴에 있는 생선요리는 몇 가지를 들어 묻는다.

이상의 요령으로 손님으로부터 주문을 받을 경우, 손님이 "위스키를 마시겠습니다."
라고 할 때, "무슨 위스키로 하시겠습니까?"라고 묻는 식은 없어야 한다.

8　요리맛을 표현할 때

－'맛이 있다', '맛이 없다'의 표현

KEY word

> W: Is everything all right, sir?
>
> C : Yes. This soup is really delicious.
>
> W : 맛이 괜찮습니까?
> C : 예, 이 수프 정말 맛이 있습니다.

요리가 '맛이 있다'고 손님이 하는 경우

▶ W : Will that be sufficient, sir?

C : Oh yes, thank you. I've finished.

That was delicious.

> ▶ W : 부인, 잘 드셨습니까?
> C : 예, 잘 먹었습니다. 요리들이 맛있었습니다.

▶ W : It goes very well with seafood. How is it?

C : It's delicious. A very unusual taste.

> ▶ W : 이것은 해산물 요리에 잘 어울립니다. 맛이 어떻습니까?
> C : 맛있습니다. 보통맛이 아니네요.

요리를 권할 때 '맛이 있습니다'의 경우

I can recommend the chocolate brandy cake. It's excellent.

> 초콜렛 브랜디 케익을 권합니다.
> 아주 맛이 있습니다.

If I were you. I'd try the _____.
It's really excellent.

> 제가 손님이라면 _____요리를 한 번 먹어보겠습니다. 정말 맛이 대단합니다.

손님의 '맛이 있다, 없다'의 표현

■■■ '맛이 있다'의 표현

This	soup, stew	is	really	delicious, excellent.
	steak,			tender.
	bread, fish			fresh, sweet.
	melon			juicy, sweet.
These	mushrooms	are	really	delicious.
	rolls, shrimps			fresh.
	grapes			juicy, sweet.

▌대답▐ Thank you, sir/madam. I'm glad you like it/them.
감사합니다. 맛있게 잘 드셨다니 기쁩니다.

■■■ '맛이 없다'의 표현

This	soup, stew	is	awful, disgusting, revolting, terrible.
	steak	is	burnt, underdone, overdone, tough.
	bread		stale, dry, old.
	fish		off, not fresh.
	milk		off, sour.
			bitter.
			gone bad, spoiled

┃대답┃ I'm very sorry, sir/madam?

대단히 죄송합니다.

Shall I take it away?

이 요리를 내어가도 되겠습니까?

Would you like to order something else?

지금 주문한 요리 이외에 추가로 더 주문하실 것은 없습니까?

I'll bring you another ~/some other ~

˜을 더 갖다 드리겠습니다.

※ another는 '추가'를 의미하고, other는 '다른 것'

9 종교상 식습관에 따른 주문

C : We're all Muslims in the party, so would there be any difficulty about suitable meat dishes?

W: No, sir, that would be no problem.

C : 일행 모두가 회교도들인데 우리들이 먹을 수 있는 고기요리를 낼 수 있겠습니까?

W : 손님, 문제될 것이 없겠습니다.

종교상 허용된 요리를 묻는 표현

C : Do you have Halal meat?

W : No, I'm sorry, sir. We have no Halal meat.

But we have some excellent fish dishes suitable for you.

C : 할랄 미트가 있습니까?

W : 없습니다. 죄송합니다만 저희 레스토랑에는 취급하고 있지 않습니다. 그러나 손님 일행에 알맞은 맛있는 생선요리로 몇 가지가 있습니다.

C : And one of my guests is a vegetarian.

Can you make it suitable for a vegetarian ?

W : No problem, sir.

> C : 우리 일행 중 한 분은 채식주의자입니다.
>
> 채식주의자에 맞는 요리를 만들어 줄 수 있겠습니까?
>
> W : 예, 문제없습니다, 손님.

W : We have curry tonight.

I hope you like it.

C : I'm a vegetarian and eat no meat.

> W : 오늘 저녁에는 저희 레스토랑에 커리가 준비되고 있습니다.
>
> 손님께서 좋아하실 것입니다.
>
> C : 나는 채식주의자입니다. 고기는 먹지 않습니다.

W : No problem. We have vegetable curry, too.

C : Well, I'm in luck, then.

> W : 문제없습니다. 저희 레스토랑에는 야채로 만든 커리가 있습니다.
>
> C : 그렇다면 다행이군요.

🔻 종교상 식습관

(1) 이슬람교(회교·마호메트 ; Moslem) – 이들 종교인들이 먹는 음식은 다음 3가지로 구분한다(어원 : 아라비아어).

　① haram : 절대 먹어서는 안되는 음식

　　돼지고기, 햄, 베이컨, 술, 죽은 동물에서 떼어 낸 고기

　② halal meat : 먹어도 되는 음식

　　소정의 죽이는 방법을 걸쳐서 죽인 동물의 고기(소고기 등), 가령 동물을 죽일 때 기도를 올리는 등 종교적 절차를 밝힌 경우는 먹을 수 있다.

　　쇠고기는 굽는 정도에 유의한다. well-done으로 굽도록 한다.

　③ makhru : 먹지 않으면 좋은 음식

　　게, 새우류(shellfish), 뱀장어(eels)

(2) 유태교

- 게, 새우류는 먹어서는 안된다.
- 비늘이나 아가미가 있는 생선은 먹어도 된다.(fish with fins or scales)
- 우유로 만든 제품과 육류가 같은 접시에 들어간 요리는 안된다.
  (예 : 치즈버거, stew 등은 불가)
- 엘리베이터, 에스컬레이터는 타지 않는다.
- kosher food(기도를 올린 육류)는 먹을 수 있다.

(3) 힌두교

- 쇠고기는 먹지 않는다.
- 채식주의자가 많다.

(4) 몰몬교

- 카페인이 들어간 식품(커피, 콜라, 홍차, 알코올류, 담배 등)은 안된다.

▶ 회교도 손님에 주의할 점

회교에서는 한 해에 약 1개월간 소위 '라마단'이라는 것이 있어, 이 기간 동안에는 해가 떠서 지는 동안에 금식을 하게 되어 있다. 이 기간 중에는 회교도 손님들은 대개 해가진 후에 2食을 하는 경우가 많다. 따라서 이들이 그간 배가 고픈 상태라는 것을 감안하여 평소보다 빠른 서비스를 하는데 신경을 써야 할 것이다. 경우에 따라서는 레스토랑에서 식사하는 것보다 룸서비스를 이용하는 손님(특히 여성신도)이 많다.

▶ 종교와 식문화

모든 민족들의 일상생활 중 특히 식생활에는 종교의 영향을 받아 이어져 내려오면서, 종교가 국민들의 일상 음식 생활을 '코드'화하여 통일시키고 있다. **일본인**들이 肉食을 먹기 시작한 것은 불과 150여 년 밖에 안 된다. 그 이전에는 불교의 영향으로 육식을 금해 왔었다. 불교의 살생금지 계율에 따라 天武천황(697~707)이 소, 말, 돼지, 원숭이, 닭의 동물 살생 금지와 금식령을 내린 이래 이들 동물을 먹지 않고, 대신 생선에만 의존하여 오다 명치5년(1873년) 명치천황이 처음으로 우육을 시식하게 되어, 이를 서양문명의 개화 상징으로 삼을 정도로 전 일본 국민들은 독실한 불교신도로서 불교의 계율을 지키면서 살아 왔다. **서양인**들은 지금도 오징어, 가오리 같은 어류를 먹지 않는다. 이 역시 구약 신명기 14장 3절에 '지느러미와 비늘이 없는 것을 먹지 말지어다.'를 근거로 하여 금기시 하여 온 것이, 오늘날에도 이어지고 있다. **이슬람교국**은 종교 계율에 따라 돼지고기는 금기식이나 우육은 허용한다.

최근 시내에 Halal Food라고 표기한 간판을 자주 본다. 이 곳은 회교신도들이 종교 계율에 따라 먹는 특정 종교식품을 취급하는 집이다. 회교도들은 절대 먹어서는 안되는 고기를 Haram이라고 하여 돼지고기를, 반면에 먹어도 좋은 고기는 牛肉인데, 모든 우육을 다 먹는 것은 아니고, 그 중 Halal meat만을 모슬림에게 허용하고 있다.

우육도 도살 전에 성직자나 자격을 가진 자에 의해 소정의 의식을 거쳐 도살된 것으로 한정하고 있는데 Halal Food가 바로 이런 류의 종교식품을 파는 집이다. 이런 면을 고려해 본다면 가령 이슬람 국에서 온 손님에게 식사를 대접하고자 할 때는 레스토랑에서 웨이터에게 "Do you have Halal meat?(할랄 미트를 내고 있습니까?)"라고 물을 수 있을 것이며, 인도인을 접대 할 때는 힌두교로 인한 채식주의자임으로, "One of my guests is a vegetarian. Can you make it suitable for vegetarian?(손님 중 한 분이 채식주의자인데 그에 맞는 요리를 낼 수 있겠습니까?)"로 주문할 수 있을 것이다. 그러나 인도인 중에는 1억 3천여 명의 이슬람 신도, 1천900 여만명의 시크교도도 있다는 점을 잊어서는 안 될 것이다.

▶ breakfast는 종교 食에서 유래한 것이다.

아침식사 breakfast는 'BREAK+FAST'의 합성어이다. 이 뜻은 전날부터 아무것도 먹지 않다가 조반으로 단식(fast)을 중단(break)한다는데 온 것이다. fast는 '빠른'이라는 뜻 이외에 종교적 행사로 어떤 음식 이외에는 '먹지 않는다', '음식을 가려서 먹는다'와 명사로는 '단식(기간)'의 의미를 갖는다.

10 알라카르트(*à la carte*)와 세트 메뉴(*set menu*)

C : Is your restaurant à la carte ?

W: No, we offer a set menu as well.

> C :이 레스토랑은 일품요리 식당입니까?
> W :아닙니다. 일품요리와 정식메뉴를 취급합니다.

일품요리와 정식메뉴

정식(正式) 코스는 일명 full course로, 'appetizer → fish → steak → salad → dessert → beverage'순으로 먹는 것을 뜻한다. 이런 코스는 공식행사에서 주로 나온다. 일품요리(一品料理; à la carte)는 고객의 특별한 주문에 의하여 만들어진 요리로 품목별로 가격이 정해져 있다. 한편 set menu는 레스토랑에서 나름대로 식단을 미리 짜서 그에 맞게 일괄적으로 내놓는 정식(定食)으로, full couse(正式)와는 다르다.

풀 코스는 비싸고, 양이 많으므로 일품요리로

W : Would you like our chef's special course on your birthday ?

C : You mean this full course dinner ?

> W : 손님 생일기념식사로 저희 레스토랑 특별 코스요리를 드시겠습니까?
> C : 풀코스 디너를 말하는 것입니까?

W : That's right.

C : I'm afraid I can't choose the full course.

Let me try it without the fish, please.

> W : 맞습니다.
> C : 풀코스는 생각이 없고, 풀코스 중에서 생선요리를 빼고 먹어보겠습니다.

á la carte요리는 시간이 걸린다할 때

C : I'd like a special dish, please.

W : I'm afraid that an à la carte order will take some time.
Would you mind waiting?

> C : 특별요리를 주십시오.
> W : 일품요리는 시간이 좀 걸립니다. 기다려도 괜찮으시겠습니까?

C : How long do you think it will take?

W : About 30 minutes, sir.

> C : 얼마나 걸린다는 것입니까?
> W : 약 30분 걸립니다, 손님.

The set course will not take as much time.

> 세트코스 요리는 그렇게 많은 시간이 걸리지 않습니다.

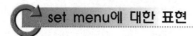 set menu에 대한 표현

C : Which of these set menus can you prepare the quickest ?

W : We can serve you Menu(A) right away.

> C : 어느 세트코스가 가장 빨리 됩니까?
> W : 메뉴(A)가 빨리 됩니다.

C : How long does Menu(B) take ?

W : It'll take about 10 minutes, sir.

> C : 메뉴(B)는 얼마나 걸립니까?
> W : 10분 정도 걸립니다, 부인.

11 무엇을 시킬지 모르는 손님에게

— 요리를 설명한다.

> C : I'm afraid I can't make up my mind.
>
> Is there anything you recommend?
>
> W: Well, sir. I think a Chablis would be nice.
>
> It's really excellent.
>
> C : 무엇을 먹을지 결정을 못 내리겠습니다. 무엇을 먹었으면 좋겠습니까?
>
> W : 글쎄요, 부인. 샤부리를 드셔보시겠습니까? 맛이 좋습니다.

손님이 물어보는 말

◉ Tell me what's good on the menu today.

　◉ 오늘 메뉴 중 무엇이 좋습니까?

◉ What do you recommend?

　◉ 무엇을 먹었으면 좋겠습니까?

◉ What is your specialty?

　　◉ 이 집의 특별요리는 무엇입니까?

◉ What's today's special?

　　◉ 오늘의 특별요리는 무엇입니까?

◉ What kind of dish is this?

　　◉ 이 요리는 어떤 것입니까?

◉ What's fried veal like?

　　◉ 프라이 송아지 고기는 어떻게 해서 나오는 것입니까?

◉ What would you suggest as an appetizer?

　　◉ 애피타이저는 무엇으로 했으면 좋겠습니까?

우리 레스토랑의 특별요리를 소개할 때

◉ It's one of the specialties of the house.

　　◉ 이것이 저희 레스토랑의 특별요리입니다.

◉ This is our specialty, Grilled Dover Sole.

　　◉ 저희 특별요리는 도버산 혀넙치구이 요리가 있습니다.

◉ Here is today's "Chef's special."

◉ 이것이 오늘의 쉐프 스페셜 요리입니다.

◉ I can recommend the～.

◉ ～요리를 권하고 싶습니다.

◉ Chicken a la king and meat balls with spaghetti are the best dishes on today's menu.

◉ 오늘의 메뉴로 치킨 알라킹과 밋볼 스파게티가 제일 좋은 요리입니다.

Pattern	특별요리를 권할 때

■ The lobster and the prime rib are both excellent this evening, if I may recommend them.

I can recommend the	grilled Dover sole.	It's	excellent.
This our specialty,	friend veal.	They're	particularly good.
			one of the chef's specialities.
			a very rich taste.

손님의 물음과 대답의 한 예

C : What's this?

W : Vichyssoise, sir? It's a creamy soup made of leeks, onions and potatoes with cream.

> C : 이것은 무엇입니까?
>
> W : 비시소와즈 말씀입니까, 손님? 이 요리는 부추, 양파, 토마토에 크림을 곁들여 만든 일종의 크림수프입니다.

It is beef stewed in red wine.

> 이것은 레드와인으로 스튜한 것입니다.

It is _____A_____ mixed with _____B_____.

> 이것 A를 B로 믹스해서 만든 것입니다.

Pattern	요리의 설명

요리이름.	It's	a sort of pie	*made of*	fish or chicken with vegetable.
		salad	*made from*	
		stew		
		clear soup		

※ *made of* : 재료의 본질이 변하지 않고 나타난 상태의 요리 (예) 보리밥의 보리

made from : 재료의 본질이 화학작용으로 변한 상태 (예) 보리로 술을 만든 경우

12 조리방법을 알아야 요리설명이 된다.

> C : What's this like?
>
> W: Vichyssoise, sir? It's a creamy soup made of leeks, onions and potatoes with cream.
>
> C : 이 요리는 어떤 것입니까?
>
> W : 비시소와즈 말입니까, 손님? 이건 부추, 양파, 감자에 크림을 곁들여 만든 크림 수프입니다.

손님이 메뉴를 보고 요리를 묻는 말

● What's this like?

　● 이 요리는 어떻게 해서 나옵니까?

● Can you tell me what this is?

　● 이 요리가 어떤 것인지요?

● Are the vegetables raw?

　● 야채는 날 것으로 나옵니까?

● Could you explain this dish to me?

　● 이 요리가 어떤 요리인지 설명 좀 해 주시기 바랍니다.

◑ C : What's taramasalata?

W : It's a Greek dish, sir. It's a kind of fish pâté, made with roe, olive oil, garlic and lemon juice.

> ◑ C : 타라마쌀라타란 어떤 요리입니까?
>
> W : 이건 일종의 희랍요리입니다, 손님. 이 요리는 일종의 생선파이로, 곤이, 올리브유, 마늘, 레몬주스로 만든 것입니다.

요리의 조리내용을 설명할 때

◑ The salad contains sliced tomatoes.

> ◑ 샐러드는 토마토를 썰어서 나온 것입니다.

◑ The trout is fried in butter, sir.

> ◑ 송어요리는 버터로 프라이해서 나옵니다.

◑ The beef is cooked in wine.

> ◑ 비프는 와인으로 조리한 것입니다.

◑ The chicken is flavored with lemon.

> ◑ 치킨은 레몬으로 가미하여 만들어져 나온 것입니다.

◑ The poussins are poached in wine.

> ◑ 병아리를 와인에 삶아서 나온 병아리 요리입니다.
>
> ※ poussin : 불어로 병아리이다.

▶️ 요리설명에 사용되는 단어들(주로 고기의 경우)

- to bake   빵 따위를 구운   baked apples
- to boil   물에 삶은   boiled potatoes
- to fry   기름에 튀긴   fried eggs
- to grill(美)   생선 따위를 석쇠에 구운   grilled tomatoes
- to broil(英)   불고기 요리 등에 사용
- to poach   계란을 깨어 끓는 물에 떨어뜨린 것   poached egg(수란)
- to roast   고기 따위를 오븐에 구운   roast beef
- to sauté   기름에 살짝 튀긴(부친), 소테로 한   beef sauteed
- to steam   김으로 찐   steamed rice
- to stew   뭉근한 불로 찌다, 스튜요리로 한   stewed plums
- to braise   볶은 다음 물을 조금 넣고 천천히 익힌   braised onion

▶️ 요리설명의 표현들

- The beef is cooked in wine.

  소고기를 와인으로 조리한 요리입니다.

- The cod is poached in milk.

  대구를 밀크로 끓인 것입니다.

- The soup is flavoured with herbs.

  이 수프는 각종 향료식물로 풍미를 더한 것입니다.

- The chicken is flavoured with lemon.

  이 치킨 요리는 레몬으로 가미한 것입니다.

- The smoked salmon is served with brown bread and butter.

  이 훈제연어 요리는 토스트와 버터와 같이 냅니다.

- The soup is garnished with small pieces of fried bread.

  이 수프는 프라이한 빵을 작은 조각으로 해서 같이 내고 있습니다.

- The vegetables are fried in oil.

  야채를 기름으로 프라이 했습니다.

- The pancakes are filled with cream cheese.

  팬케익은 크림치즈를 섞어서 만든 것입니다.

- The tomatoes are stuffed with fried ham and onion.

  토마토는 프라이 햄과 양파로 속을 채웠습니다.

고기 야채를 자르는 방법 표현

• to chop	야채를 잘게 썰다, 다지다.	chopped onions
• to fillet	생선을 뼈 없이 저며 내다.	fillet plaice
	(명사로는 소의 필레 살코기)	
• to grate	강판으로 갈다.	grated carrots
• to mash	갈아 으깨다.	mashed potatoes
• to mince	고기 따위를 잘게 썰다, 저미다	minced beef
• to shred	갈기갈기 찢다.	shredded cabbage
• to slice	얇게 잘라 내다.	sliced mushrooms
• to stuff	속을 넣다. 속을 채워 넣다.	stuffed with mashed potatoes
• to peel	껍질을 벗기다.	peeled orange

13 주문을 잘못 받았을 때

> C : That's not what I ordered. I asked for orange juice, not tomato, you know.
> W: I'm terribly sorry. I'll get you an orange juice immediately.
>
> C : 이것 내가 주문한 것이 아닙니다. 오렌지주스를 주문했는데, 토마토주스를 가져왔습니다.
> W : 죄송합니다. 곧 오렌지주스를 가져오겠습니다.

손님의 주문이 잘못왔다는 표현

● I wanted orange juice, not tomato.

　● 오렌지주스를 주문했는데, 토마토주스가 나왔습니다.

● I asked for a ham omelette, not a cheese one.

　● 햄 오믈렛을 주문했는데, 치즈 오믈렛이 나왔습니다.

● There must be some mistake.

　I ordered yoghurt, not milk.

　● 여기 착오가 있는 것 같습니다.
　요구르트를 주문했는데, 밀크가 나왔습니다.

◑ What's this! I ordered tea not coffee.

> ◑ 이게 무엇입니까? 차를 주문했는데 커피가 나왔습니다.

잘못 주문받은데 대한 종업원의 대답

◑ I'm very sorry.
I'll get you a ham omelette at once, sir.

> ◑ 대단히 죄송합니다.
> 햄 오믈렛을 곧 갖다 드리겠습니다.

◑ I'll get you some tea straightaway, sir.

> ◑ 차를 바로 갖다 드리겠습니다.

◑ C : I didn't order steak. I ordered duck.
W : Yes, of course. I'll bring you your a duck immediately.

> ◑ C : 나는 스테이크를 주문하지 않고 오리고기를 주문했습니다.
> W : 알겠습니다. 네, 오리고기를 바로 갖다드리겠습니다.

◑ I'll ask the chef for a ham omelette immediately, madam.

> ◑ 쉐프 요리장에게 햄 오믈렛을 만들어 주도록 하겠습니다.

Pattern	잘못 주문을 받았을 때		
	I'm terribly sorry,	I'll get you	an orange juice	*immediately.*
			a yoghurt	*straightaway.*
			some coffee	

코스별 오더테이킹에 따른
영어표현

RESTAURANT ENGLISH
FOR WAITER & WAITRESS

1 식전주 *aperitif*를 주문받을 때

W: May I take your order, sir?

C : Yes, my wife will have a Dubonnet to start with, and I'll have a large gin and tonic, please.

W : 주문하시겠습니까?

C : 예, 내 아내는 듀보넷으로 하고 나는 진토닉으로 하겠습니다.

손님에게 식전술을 주문받는 말

Would you care for an apéritif before your meal?

식사전에 술을 드시겠습니까?

Can I get you an apéritif, sir?

아페리티프를 갖다 드릴까요?

C : What would you recommend?

W : How about a Champagne Cocktail for madam and a campari for you, sir?

C : (식전술로) 무슨 술을 들면 좋겠습니까?

W : 부인께는 샴페인 칵테일을, 손님은 캠파리를 드시면 어떻겠습니까?

◉ Would you like to try the sherry recommended by our Chef?

　◉ 주방장이 권하는 쉐리를 한 번 들어보시겠습니까?

◉ ① Would you care for an apéritif?

　◉ 아페리티프를 드시겠습니까?

◉ ② Would you care for sherry as an apéritif?

　◉ 아페리티프로 쉐리(와인)를 드시겠습니까?

　　※ ①의 표현보다 ②의 표현이 더 구체적이며, 판촉효과도 있어 바람직한 말이다.

Pattern	식전주를 권하는 말

Would you	*like* *care for*	Sherry Whisky Campari	*as an apéritif before your meal* ?

▶ *apéritifs*의 종료

- gim
- vermouth
- whisky
- cinzano
- fruit juices(to choice)

- sherry
- dubonnet
- pastis
- perrier

- campari
- wine(by the glass)
- rum
- cocktails(to choice)

※ 경우에 따라서는 칵테일 종류로 martini, manhattan을 마신다.

서비스

식전술을 권한다

손님은 주문을 할 때 먼저 수프, 샐러드, 스테이크를 무엇으로 할 것인가에 초점을 두게 된다. 이때 이러한 코스 메뉴를 주문을 받고 나서, "Would you care for a drink before your meal?" 하고 식전에 술을 마실 것인가 물어본다. 이는 손님에 대한 판촉효과도 있을 뿐 아니라, 미처 잊어버리고 있는 식전술의 주문을 제시하는 뜻도 있다.

2 손님이 식사전에 술을 주문할 때

– 위스키를 주문하는 경우

W : Are you ready to order?

C : Well, I want a drink to start with.

W : 주문하시겠습니까?

C : 식사전에 우선 술을 한 잔 하겠습니다.

보통 식사전에 '식전술(aperitif)'로 쉐리(sherry) 등을 마시는 것이 상례이나, 친구와 같이 식사를 할 때는 위스키와 같은 술을 먼저 시키는 경우도 있다.

친구와 같이 식사할 때의 예

W : Good afternoon, gentlemen.

　　Are you ready to order?

G₁ : Sure I am. What about you, Mike?

　　A drink to start with?

G₂ : Yeah, a double whisky on the rocks for me.

G₁ : Make that two.

W : Two whiskies with ice, yes, sir.

And what would you like after that?

🕐 W : 안녕하십니까, 손님?
　　　주문하시겠습니까?

C₁ : 하죠. 마이크, 무엇을 들겠습니까?
　　　식사전에 술 한잔 할까요?

C₂ : 나는 위스키 온더락스 더블로 하겠어요.

C₁ : 두 잔 갖다 주시오.

W : 위스키 온더락스 2잔(확인부분).
　　　그리고 드실 요리는 무엇을 하시겠습니까?

▶ **위스키**(*whisky ; whiskey*)**의 종류**

- *neat(straight)* 　　스트레이트　　(잔의 크기에 따라 *single*과 *double*로 나뉨)
- *on the rocks* 　　온더락스
- *with water* 　　위스키 워터
- *with soda water*　하이볼

위스키의 종류로 Scotch를 예를 든다면, Scotch on the rocks, Scotch with water, Scotch with soda water식으로 구분될 수 있을 것이다.

on the rocks는 얼음(ice cube) 두 쪽을 잔에 넣는다하여 rocks의 복수로 사용하고, 잔에 먼저 아이스를 넣고 술을 따르는 것이 '온더락스'의 조주법 이다.

혼동하기 쉬운 양주 용어; liquor/liqueur

술은 빚는 과정에 따라 3종류로 구분된다. 첫째 양조주(釀造酒; brewage)는 곡식에 효모를 가하여 숙성시킨 것으로, 막걸리, 포도주, 맥주가 이에 해당된다. 둘째는 양조주를 증류(distill)한 증류주(蒸溜酒; spirituous liquor)로 위스키, 소주, 보드카 등이 이에 속한다. 셋째는 증류주에 방향성 초목이나 과실 등을 혼화(混和)한 혼성주(混成酒; liqueur)로 브랜드(brand), 큐라소(curasao), 슬로오 진(sloe gin) 등이 있으며, 우리나라에서는 각종 과실주, 매실주가 이에 속한다.

① liquor[li'kər] ; 리커, 알코올 음료, 특히 증류주, brandy, gin, rum, whisky 등
   an alcoholic drink, especially one made by distillation, as whiskey or rum

② liqueur[lik'ə:] : 리큐르(방향, 감미가 있는 독한 양주)
   any certain strong, sweet, syrupy alcoholic liquors, variously flavored.

③ brandy : 브랜디[포도주, 때로는 사과주 따위를 증류하여 만드는 독한 술)
   an alcoholic liquor distilled from wine

   G¹ : Would you like an after-dinner : brandy, *liqueur* or something else?
   　　(식후 주로 브랜디, 리큐르, 그 외 다른 식후주가 무엇이 있습니까?)

   G² : I'll have some *liquor*. (나는 증류주 계통으로 마시겠습니다.)

   W : How about orange curacao? (오렌지 큐라소는 어떻겠습니까?)

   G¹ : Yes, that sounds inviting. (그러고 보니 좋겠소.)

④ wine : 포도주
   -by color; red, white rose　　　　　　　-by sugar content; sweet, dry
   -by effervescent ; sparkling, still　　　　-by strengthen ; fortified wine

⑤ champaign : 샴페인. 불란서 샹파뉴(Champaign)지방에서 생산한 wine.
   any effervescent white wine made in Champaign, France or elsewhere
   - by color; pale, tawny, yellow, greenish yellow

⑥ cognac[꼬냑] ; 불란서 꼬냑 지방에서 생산한 wine을 증류한 것(이 과정을 거친 것
은 brandy이다)에 지방이름을 부쳐 꼬냑이라 한다. 엄밀이 말하면 Cognac brandy라
고 할 수 있겠으나, 꼬냑 만은 그렇게 부르지 않는다. 만약 한국에서 생산한 포도
로 빚은 와인을 증류한 brandy는 가령 "진로브랜디"라고 명명할 수 있을 것이다.
a French brandy distilled from wine in the area Cognac, France

⑦ blend/bland ; blend는 가령 커피에 술을 혼합할 때 '혼합'의 뜻으로 쓰이며, bland
는 술과는 관련이 없이 음식의 맛이 부드럽다(mild)는 뜻이다.

3 *appetizer*를 주문할 때

> W : Will you be having a starter?
>
> C : Sure. The curried prawns and the clams, please.
>
> W : 먼저 무엇으로 드시겠습니까?
> C : 참새우 커리와 대합조개요리로 하겠습니다.

▶ *appetizer*와 *hors d'oeuvres*

　appetizer는 appetite(식욕)에서 나왔으며, 식욕촉진제라는 의미로 한국어로는 전채(前菜)이다. 불란서어로는 '오르 되브로(hors d'oeuvre)'라 하고, 이태리어로는 '안티파스토(antipasto)'라고 하며, appetizer는 영미식 표기이다.

　동행인이 있어 식전주를 마시면서 담소를 나누고자 할 때, 전채나 수프를 주문해서 본격 요리를 먹기 전에 식욕촉진제로 먹는다. 그러므로 전채요리는 양이 많지 않고, 식욕을 돋우기 위해 신맛을 곁들인 것이 주로 나온다.

손님이 애피타이저를 주문할 때

My wife will have a Dubonnet to start with, and I'll have a king prawn.

> 내 아내는 식사전에 뒤보네 와인을, 나는 왕새우 요리를 주기 바랍니다.

I'll have a shellfish cocktail.

> 나는 쉘피시 칵테일로 주기 바랍니다.

The mussels to start with for me.

And my friend will have the pike mousse.

> 나는 먼저 맛술요리로 먹겠습니다.
> 그리고 내 친구는 파이크 무스로 주기 바랍니다.

I've got a large appetite.

I want something really filling as a main course.

> 나는 먹는 양이 크니까 메인 코스로는 양이 많은 음식으로 주기 바랍니다.

I think I'll have the prawn cocktails to start with, please, and then the beef salad.

> 새우칵테일로 먼저 먹고 난 후에 비프 샐러드를 들겠습니다.

C : With the appetizers, we'll have half a bottle of Entre-deux-Mers. And a bottle of Rioja with the main course.

W : Thank you, sir. I'll get your aperitifs straightaway.

C : 애피타이저로 나는 앙뜨레 도모 메어 와인 작은 병으로 하고, 메인코스
는 리오자 큰 병으로 한 병 주기 바랍니다.

W : 감사합니다 손님. 곧 아페리티프를 갖다 드리겠습니다.

손님에게 appetizer를 드실 것인지를 물을 때

C : I haven't decided about an appetizer.

What would you suggest as an appetizer?

W : Very good, sir.

Would you like the vegetable soup or the consommé?

C : 애피타이저로 무엇을 들 것인지 결정을 못했소. 무엇으로 했으면 좋겠습
니까?

W : 좋습니다 손님.
야채수프나 콩소메로 하시면 어떻겠습니까?

Would you like Smoked Scotch salmon?

훈제 스콧트랜드 연어 요리를 드시겠습니까?

We have Honeydlew melon and Smoked Scotch Salmon.

Which would you prefer, sir/madam?

저희 레스토랑에는 감로메론과 훈제 스콧트랜드산 연어 요리가 있습니다.
어느 것으로 드시겠습니까?

I can recommend Avocado pear vinaigrette as your
appetizer, it's excellent.

애피타이저는 아보카도에 비네그레트소스를 맞추어 드셔 보시도록 권하고 싶
습니다.

▶ *appetizer*의 메뉴

- consommé
- curried prawns
- pike mousse
- soup of the day
- duck terrine
- melon with parma ham

- mushrooms in garlic
- prawn cocktail
- egg mayomaise
- mussels à la marinière
- pate maison

▶ 소재별 전채(*starters ; appetizers*)

asparagus	아스파라가스	anchovies	앤쵸비(멸치젓)
lobster	랍스터(바닷가재)	sardines	싸아딘(정어리)
assorted appetizers	오도블 모듬	olives	올리브
oysters	굴	snails	스네일(달팽이)
crabmeat	게맛살	caviar	캐비어(철갑상어알 젓)
shrimps	슈림프(작은 새우)	roe	로우(곤이)
salmon	새면(연어)	mackerel	매크럴(고등어)
salad	샐러드	salami	썰라아미(살라미소시지)
smoked salmon	훈제연어	celery	샐러리
sausage	소시지	cheese	치즈
herring	헤링(청어)	clams	클램즈(조개)
ham	햄	tuna	튜너(다랑어)
mushrooms	머쉬룸즈(버섯)	melon	멜런
radishes	래디쉬(무우)		

4 수프를 주문할 때

C : I'd like some soup.

W : Very good, sir. Would you like vegetable soup or the consommé?

C : 나는 수프로 하겠습니다.

W : 좋습니다, 야채수프로 하시겠습니까? 콩소메로 하시겠습니까?

 손님의 주문

W : Would you like anything to start?

C : Yes, I'd like a bowl of soup.

W : 먼저 드실 것으로는 무엇을 주문하시겠습니까?

C : 예, 수프로 하겠습니다.

I'd like the soup of the day.

'오늘의 수프'로 하겠습니다.

What would you suggest as a soup?

수프로 어떤 수프를 들었으면 좋겠습니까?

수프의 종류를 말하면서 권할 때

I can recommend the chicken soup.
It's excellent.

> 치킨수프를 권하겠습니다.
> 맛이 참 좋습니다.

C : I'd like some soup.

W : Would you like vegetable soup or the consommé?

> C : 수프 주세요.
> W : 야채수프, 콩소메 어느 것으로 하시겠습니까?

W : How about the vichyssoise, sir?

C : What's that?

W : It's creamy soup made with leeks, onions and potatoes,
with cream.

> W : 비시소아즈 수프는 어떻겠습니까? 손님.
> C : 무슨 수프입니까?
> W : 크림수프로, 부츠, 양파, 감자를 크림으로 만든 것입니다.

Soup를 서브할 때는 croutons을 곁들인다.

W : Your soup, sir.

C : Oh, yes. No too much, please.

> W : 여기 수프입니다. (부인)
> C : 예, 조금만 떠 주기 바랍니다.

W : Some croutons?

C : Hm—, I'm on a diet. I'd better not.

> W : 크루톤을 드릴까요?
>
> C : 음—, 살을 빼는 중입니다.
>   먹지 않는 것이 좋겠습니다(먹지 않겠다).

W : Your soup, sir.

C : Splendid! Plenty, please.

> W : 여기 수프가 나왔습니다.
>
> C : 와 좋군요! 좀 많이 떠 주십시오.

W : Some croutons?

G^1 : Mm! I think I'll try some of those.

G^2 : Just a couple for me, thanks.

> W : 크루톤을 드릴까요?
>
> G^1 : 글쎄요! 조금 조금만 떠 주십시오.
>
> G^2 : 나는 한두건만 주시기 바랍니다.

※ Crouton : 굽거나 튀긴 빵의 작은 조각으로 수프에 띄어 먹는다.

손님의 수프에 대한 불만

C : The soup is too salty for me.

   Could you thin it a little?

W : I'm sorry that you do not enjoy our cream soup.

   Do you prefer consommé?

C : 수프가 내겐 너무 짭니다.
　　조금 덜 짜게 해 주기 바랍니다.
W : 대단히 죄송합니다. 크림수프를 좋아하지 않는 모양이군요.
　　콩소메 수프로 드시겠습니까?

수프의 종류

- country vegetable soup
- beef consommé with rice
- french onion
- consommé with mushrooms
- ravioli and herbs
- mixed vegetable soup
- soup of the day

수프의 기본 분류

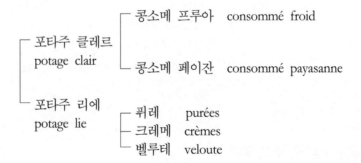

French service와 Soup

그 레스토랑의 요리수준은 수프를 먹어 보면 알 수 있고, 그 사람의 식도락 수준은 디저트에 얼마나 까다롭게 구는가에 따라 평할 수 있다. 수프를 프렌치 서비스로 서브할 때는 손님의 좌측에서 하고 좌측으로 돌면서 서브한다. 일반적으로 요리는 손님의 좌측에서 우수로 서브하고, 술이나 음료는 손님의 우측에서 우수로 서브하나 수프는 drink가 아니라 eat로 보아 「요리」 수준에서 서브한다. 최근에는 사고를 방지하기 위하여 좌측에서 서브할 때는 좌수로 하는 호텔이 늘어나고 있다.

5 샐러드를 주문할 때

> W: May I take your order, now?
> C : Yes, I'll have a mixed salad.
>
> W : 지금 주문하시겠습니까?
> C : 주문하죠. 믹스 샐러드로 하겠습니다.

손님이 샐러드를 주문할 때

I'd like some Beef Curry and rice, a salad with the Beef Curry.

비프커리 라이스로 하고 비프커리 샐러드를 주시오.

I'll have the chicken salad.
And a bottle of a white wine to go with it.

치킨 샐러드하고 큰 병짜리로 화이트 와인 한 병 주세요.

I'll have a side salad.

샐러드는 사이드 샐러드로 하겠습니다.

I'd like a Merring salad.

나는 청어 샐러드로 하겠습니다.

※ side dish는 주요리에 곁들여 나온 요리, side salad는 따라 나온 샐러드

손님에게 샐러드를 권할 때

● C : I'd like a salad, but I don't like beef.

W : Why don't you try the Chef's salad, sir? It's excellent.

> ● C : 샐러드를 시키겠는데, beef salad는 싫습니다.
> W : 주방장이 특별히 만든 Chef's salad를 드셔보십시오. 맛이 아주 좋습니다.

● Would you prefer mixed vegetables or tomatoes, madam?

> ● 모듬 야채나 토마토 어느 것으로 하시겠습니까, 부인?

● Would you like the green salad?

> ● 그린 샐러드로 드시겠습니까?
>
> ※ 샐러드에는 beef potato 같은 혼합된 것이 있는데, green salad는 전부 채소로 만든 것을 의미한다.

● Would you like your salad now or later?

> ● 지금 샐러드를 갖다 드릴까요?

● When shall I bring you salad, sir?

> ● 샐러드를 언제 갖다 드릴까요, 손님?

● C : Can you tell me what this is?

W : Salad breton, sir. It consists of chopped carrots, French beans, potatoes, and turnips with hard-boiled eggs, mayonnaise and French dressing.

C : 이것 무슨 요리입니까?

W : 브르타뉴 샐러드입니다, 부인. 이건 당근, 강남콩, 감자, 순무를 썰어서 찐계란, 마요네즈, 프렌치 드레싱과 섞어서 조리해서 만든 것입니다.

Pattern	샐러드를 설명할 때

| It's cold salad. | *It's made from* | (main ingredients) ...... |
| | *It consists of* | carrots/ French beans/ peas/ grilled mushrooms/ hard-biled eggs/ mayonnaise and French dressing. |

손님으로 하여금 샐러드를 선택하게 할 때

W : What kind of salad would you like, sir?

C : Celery. I love celery.

W : 어떤 샐러드를 드시겠습니까, 손님?

C : 샐러리로 하겠습니다. 좋아하거든요.

W : Have you decided on your salad, sir?

C : Yes, I'll take the lettuce, cucumber and carrots, please.

W : 무슨 샐러드로 하실지 결정하셨습니까, 부인?

C : 예, 양상치, 오이, 당근으로 된 샐러드로 하겠습니다.

▶ 샐러드(salad) : green & mixed

양배추 샐러드	coleslaw	씨푸드 샐러드	seafood salad
야채 샐러드	green salad	믹스 샐러드	mixed salad
씨저 샐러드	caesar salad	스피니치 샐러드	spinach salad
포테이토 샐러드	potato salad	치킨 샐러드	chicken salad
크랩 샐러드	crab salad		

 서비스

야채요리(salad ; vegetable)

야채는 저장방법에 따라 생야채(fresh vegetable), 냉야채(frozen vegetable) 등으로 구분되며, 어떤 메뉴에는 샐러드를 cold platter로 표기한 경우도 있다. 샐러드의 생명은 season과 cold로 가령 strawberry season(딸기철), strawberry in season(제철을 맞은 딸기)가 있으며, 차(冷)지 않은 샐러드는 생명을 잃은 것이 된다. choice of salads하면 green(야채 샐러드) 와 mixed(冷야채와 cold meat의 혼성 샐러드)의 선택을 의미한다. 미국에서는 다이어트식으로 샐러드가 대인기를 누리고 있어 세트메뉴에는 반드시 샐러드가 들어 있고, 셀프서비스 '샐러드 바가 별도로 설치되어 있는 레스토랑이 많다.

6 드레싱(*dressing*)을 주문할 때

—샐러드에는 드레싱을

> W: Which kind of salad dressing would you prefer,
> French, Thousand Island or oil and vinegar?
> C : French dressing, please.
>
> W : 프렌치 드레싱, 다우센드 아일랜드, 오일 비니거 중 어느 것으로
> 하시겠습니까?
> C : 프렌치 드레싱으로 하겠습니다.

손님이 특정 드레싱을 원할 때

C : Do you have any Blue Cheese dressing?

W: I'm afraid not, but I would recommend the French dressing.

 C : 블루치즈 드레싱이 있습니까?
 W : 죄송합니다. 없습니다. 대신 프렌치 드레싱으로 쓰시면 어떻겠습니까?

I'll have a mixed salad with my meal.

 내 식사에는 믹스드 샐러드로 해 주시오.

C : What salads do you have ?

W : Mixed salad, Seafood salad and Gourmandise salad.

> C : 어떤 샐러드가 있습니까?
>
> W : 컴비네이션 샐러드, 씨프드 샐러드에 미식가용 샐러드가 있습니다.

C : What is the Gourmandise salad ?

W : It's a sort of mixed salad. It consists of smoked duck and orange slices. It goes well with the Chicken kabob.

> C : 구어먼디스 샐러드란 어떤 것입니까?
>
> W : 이것은 일종의 믹스드 샐러드입니다. 훈제오리와 오렌지로 만든 것으로 치킨 카보브요리와 잘 어울립니다.

샐러드에 대한 불만

This salad	is	old!	샐러드가 만든 지가 오래되었다.
		limp.	후줄근하다.
		too oily.	너무 기름기가 많다.
		not fresh.	신선하지 않다.
		not cold.	차지 않다.

주요 드레싱

- French dressing
- Italian dressing
- Russian dressing
- Ranch dressing
- Thousand lsland dressing

 서비스

샐러드에 쓰이는 재료

parsnip 파스닙(미나리과)의 식물	beet 사탕무
potato 감자	onion 양파
asparagus 아스파라거스	cauliflower 콜리플라워; 꽃양배추
broccoli 브로콜리	pea 완두콩
bean 강낭콩	tomato 토마토
eggplant 가지	escarole 에스케롤; 꽃상치의 일종
turnip 터닙; 순무	radish 무우
cabbage 캐배지; 양배추	corn 옥수수
celery 샐러리	cucumber 오이
kidney beans 강낭콩	aubergines 오우버진; 가지
carrot 당근	leeks 부추
spinach 스피니치; 시금치	mushroom 버섯
lotus 연뿌리	lentisk 유향수(乳香樹)
courgette 쿠르젯; 페포호박	zucchini(주키니) 애호박.

7 손님에게 요리를 권할 때는 이유가 있어야 한다

> C : What's your suggestion for vegetables ?
> W: I can recommend the Mushrooms, broad beans.
>   They're both in season at the moment.
>
> C : 야채요리로 무엇을 먹었으면 좋겠습니까?
> W : 송이, 잠두가 든 요리를 드셔 보시겠습니까? 지금이 한창 제철입
>   니다.

손님에게 요리를 권할 때의 뒷말 표현

◉ C : I haven't decided about an appetizer.

  What do you recommend ?

 W : I can recommend the shellfish cocktail, sir. It's excellent.

> ◉ C : 나는 애피타이저로 무엇을 먹을 것인지를 결정하지 못했습니다. 무엇으
>   로 하면 좋겠습니까?
> W : 쉘피쉬 칵테일로 권하고 싶습니다, 손님. 맛이 대단히 좋습니다.

◉ I can recommend _____. They're particularly good.

> ◉ _____요리를 권합니다. 이 요리는 특별히 맛이 좋습니다.

◑ I would suggest _____. They're one of the chef's specialities.

　　◑ _____요리를 권해보겠습니다. 저희 레스토랑의 특선 중 하나입니다.

◑ I should have _____. They are in season at the moment.

　　◑ _____요리를 권합니다. 지금 나올 계절 요리입니다.

◑ If I were you. I'd try the _____.

　It's one of our chef's specialities.

　It's really excellent.

　　◑ 제가 손님이라면 _____요리를 먹어 보겠습니다. 이 요리는 저희 레스토랑의 특별요리 중 하나입니다. 정말 맛이 좋습니다.

◑ C : I'd like fish. What do you recommend?

　W : The turbot's very good, sir.

　　The crab sauce is excellent.

　　It's one of our chef's specialities.

　　◑ C : 생선요리를 먹고 싶은데, 어떤 것이 좋겠습니까?
　　　W : 가자미 요리가 제일이죠. 손님.
　　　　크랩소스를 쳐서 먹으면 아주 맛이 있습니다.
　　　　이 요리는 요리장의 특별요리 중의 하나입니다.

◑ Why don't you try the _____, sir? It's excellent.

　　◑ _____요리를 드셔보시죠, 손님. 맛이 대단히 좋습니다.

◑ Why don't you try the fried fish, sir?

It comes with French fries and a small mixed salad.

> ◑ 후라이 피쉬를 드셔 보십시오, 손님.
> 프렌치 프라이와 소량의 믹스드 샐러드가 곁들여 나옵니다.

◑ It's particularly excellent.

> ◑ 이 요리는 특히 맛이 뛰어 납니다.

Pattern	요리를 권할 때

I can recommend I would suggest that	*the* … (요리명)	It's They're	*excellent.* *particularly good.* *one of the chef's specialities.* *really very good.*
요리를 권한다.		이어서 맛이 있다는 한마디를 덧붙인다.	

8 요리에 잘맞는 드레싱 등을 권할 때

W: Would you like some mayonnaise to go with your salad?

C : Yes, please.

W : 샐러드에 어울리는 마요네즈를 드릴까요?

C : 네, 좋습니다.

 손님이 시킨 요리에 어울리는 드레싱, 소스 등을 물어 주문받을 때

C : I'll have a sirloin Steak.

W : Would you like some sauce tartar to go with your steak?

C : 서로인 스테이크로 하겠습니다.

W : 스테이크에 타타르 소스를 쳐서 드릴까요?

W : How would you like your steak?

C : I'll have it medium, please.

W : Which kind of salad dressing would you prefer, French or Thousand Island?

W : 스테이크는 어떻게 해 드릴까요?

C : 미디엄으로 주세요.

W : 샐러드 드레싱으로는 프랜치와, 싸우전드 아일랜드 중 어느 쪽으로 드시겠습니까?

Would you like some | grated cheese | **to go with your** soup ?

ketchup

mustard

oil and vinegar

sauce tartar

croutons

wine

9 요리에 맞는 와인을 권할 때

W: Which wine would you like to go with your lamb?

W: I'd suggest a sweet white wine to go with your lamb.

W: 새끼 양고기 요리에 어떤 와인을 드시겠습니까?

W: 새끼 양고기 요리에 어울리는 것으로 스윗 화이트 와인을 드셔 보십시오.

손님이 묻는 말

 What do you suggest?

 무엇을 마셨으면 좋겠습니까? 무슨 요리(술)로 했으면 좋겠습니까?

 Which wine would go best with the roast lamb?

 로스트 램에 맞는 와인으로 어떤 것이 있습니까?

 Can you suggest a wine to go with the smoked salmon?

 훈제연어에 잘 맞는 와인으로 어떤 것이 좋겠습니까?

요리에 맞는 와인을 권할 때

● I'd suggest a dry white wine to go with the Dover sole.

　● 도버 소울 요리에 어울리는 드라이 화이트 와인을 권하고 싶습니다.

● I would suggest a rose wine to go with the poached chicken.

　● 삶은 치킨에는 로제와인을 권해보고 싶습니다.

● It's suitable for your order.

　● 이건 손님이 주문한 요리에 잘 어울리는 와인입니다.

wine의 술맛에 관한 표현

● C : I'd like a red wine with my meal.

W : Which do you prefer a heavy taste or a light taste?

C : I prefer light.

W : Would you like to taste the wine, sir ?

　● C : 내 식사에는 레드 와인으로 주십시오.
　W : 강한 것 약한 것 어느 것으로 드릴까요?
　C : 약한 것으로 주십시오.
　W : 와인맛을 한 번 맛보시겠습니까, 손님.

C : Well, it tastes like water with no body, no flavour.

W : I'm terribly sorry.

I'll bring you a new bottle right away.

> C : 와인맛이 물같습니다. 감칠맛도 없고, 향도 없고.
> W : 대단히 죄송합니다.
> 새 것으로 곧 갖다 드리겠습니다.

W : We have a very extensive cellar.

I think that Muscadet would go very well with your oysters.

> W : 저희 레스토랑에는 여러 종류의 와인이 있습니다. 오이스터요리에는 무스카드가 잘 어울립니다.

Pattern	와인을 권할 때

I'd suggest	a	white red rosé	*wine to go with the*	fresh salmon. cheese. roast lamb.

권하는 와인을 말하고 잘 어울리는 요리명을 든다.

※ waiter/waitress는 어떤 요리에 어떤 와인이 잘 어울리는지에 대한 와인지식을 갖추어야 한 것이다.

▣ 와인맛의 구분

(1) white wine ┐ sweet ┌ heavy taste   ex) medium sweet white wine
(2) red wine   ┘ dry   ├ medium   sweet white wine
                        ├ light   medium dry red wine
                        └ full bodied wine   dry red wine
                          (감칠맛)

(3) rosé wine

(4) sparkling - 샴페인

- 음식이나 술, 콜라 등은 맛이라는 점에서 볼 때 sweet(단맛)와 dry(단맛이 없는 신맛, 떫은 맛 등)로 구분한다. 코카콜라는 dry, 펩시콜라는 sweet이다. 여기에 다시 그 단맛과 덜 단맛을 세분하여 어느 정도인가를 light, medium으로 구분한다.

▣ A selection of recommended wines from our cellar

cellar는 포도주의 지하 저장실을 뜻하면서도, 저장 포도주, 오래된 포도주란 의미도 있다. 위 제목은 포도주 저장실에 저장되어 있는 포도주 중에서 특히 권하고 싶은 포도주 리스트를 의미한다. 이와 같은 cellar는 레스토랑에는 다 구비하고 있는 지하 와인 저장소로 유럽에서는 대부분의 가정에 이르기까지 cellar를 구비하고 있다. cellar의 어원은 라틴어 *cellarium* = storeroom에서 → *cella*-small room → cellar가 되었다.

10 손님이 와인을 주문할 때

> W : Have you chosen a wine yet?
> C : Oh, a wine, yes. Can you suggest a French white wine?
>
> W : 와인 선택은 아직 않으셨습니까?
> C : 오, 와인이요. 하죠. 불란서 화이트 와인으로 어떤 것을 마셨으면 좋겠습니다.

손님이 어떤 와인이 있는지를 묻는다.

◉ Can you recommend a Korean(German) wine?

　　◉ 한국(독일) 와인이 괜찮겠습니까?

◉ Can you suggest a French white wine?

　　◉ 불란서 화이트 와인은 어떻습니까?

◉ Do you have a very full-bodied wine which is not fruity?

　　◉ 아주 감칠맛이 나는 그러면서도 감미가 없는 와인이 있습니까?

◑ C : Have you got a rosé ?

W : Would you like the Anjou Rosé, sir ?

> ◑ C : 로제와인이 있습니까?
>
> W : 앙주 로제 와인으로 드시겠습니까, 부인?

◑ Some kind of aperitif is what I'd like.

> ◑ 식전주로 술을 좀 마시고 싶습니다.
>
> ※ 식전주로 권할만한 술을 물어보는 말이다.

◑ Can you give us five glasses of Champagne, please.

Oh, and two glasses of white wine, too.

> ◑ 샴페인 5잔을 주십시오.
>
> 아참, 그리고 화이트 와인 2잔도 주시기 바랍니다.

◑ I'd like some wine with my meal.

> ◑ 식사하는데 와인을 마시고 싶습니다.

와인을 주문받을 때

◑ Could you choose one from the list, please ?

> ◑ 와인 리스트에서 드실 와인을 고르셨습니까?

◑ Would you like a red or a white wine, sir ?

> ◑ 레드, 화이트 어느 것으로 하시겠습니까, 손님?

Would you care for a white wine or a red wine with your meal?

> 식사에 화이트, 레드, 어느 것으로 드시겠습니까?

I recommend the Grahams White Port, sir.

> 저는 그레이엄 화이트 포트와인을 권해 보고 싶습니다, 손님.

The korean wine 'Majuang' is very popular with our foreign guests.

How about giving it a try?

> 한국 와인 '마주앙'은 저희집에 오신 외국 손님에게 인기가 있습니다.
> 한 번 드셔보시면 어떻겠습니까?

C : What would you recommend?

W : I think that a Chablis or a Muscadet would go very well with your steak.

> C : 무슨 와인이 좋겠습니까?
> W : 손님의 스테이크에는 샤블리 포도주나 미스카데(사향포도주)가 잘 어울릴
> 것 같습니다.

I would recommend the Muscadet.

> 미스카데 포도주를 권해보고 싶습니다.

The dish you ordered is very delicate(subtle/rich) in taste.

> 손님께서 주문하신 요리는 대단히 산뜻하고(감칠맛/진해서) 맛이 있습니다.

우량 포도주는 vintage wine이라고 한다.

Which vintage would you prefer ?

(와인은) 몇 년도 산을 원하십니까?

C : This wine has a full body.

W : Sure it does. It's a vintage wine.

C : 이 와인은 아주 감칠맛이 있군요.
W : 예, 그렇습니다. 이것은 우량포도주입니다.

C : What year is it ?

W : It's 1975.

C : 몇 년도 산입니까?
W : 1975년도 산입니다.

 vintage wine이란?

vintage는 어떤 특정지역의 수확기에서 거두어들인 포도주 와인을 만들어 얼마나 오래된 와인인가를 말한다. 그러니까 포도가 풍작인 해에 양조해서 그 연도를 기입해서 몇 년 동안 보존한 우량 포도주를 vintage wine이라고 한다.

▶ 와인의 종류

불란서 와인	Alsace 알사스	Beaujolais 보우죠레이
	Bordeaux 보오도오	Bougogne 브르고뉴
	Chabli 샤브리	Chambertin 샤베르테
독일 와인	Beerenauslese 베렌아오스레에젠	Mosel 모젤
	Rhein 라인	
이태리 와인	Chianti 키안띠	Frascati 프라스카띠

와인을 dry와 sweet로 구분하여 주문받을 때

C : Can you bring us three cokes and a small sherry?

W : Very good, sir.

Will that be a dry or sweet sherry?

C : Medium dry, please.

C : 코카콜라 세 병하고 작은 병으로 쉐리 한 병 주십시오.
W : 알겠습니다. 손님.
쉐리는 드라이, 스위트 어느 것으로 할까요?
C : 미디엄 드라이로 하겠습니다.

I don't want anything too sweet.

너무 단맛나는 것은 싫습니다.

▶ 와인의 식전주는 *dry*가 보통

와인은 맛이 달지 않은 dry와 단맛을 내는 sweet로 나눌 수 있으며, 식전에 포도주를 마시는 경우 dry 맛을 내는 vermouth나 sherry를 보통 선호한다.

sherry는 스페인산 백포도주로 스페인 헤레스 지방의 쉐리가 인기가 있다. 쉐리의 주정도수는 10%이다.

▶ 식전주 ; *ape'ritif [a:pe'iriti':f]*

동양의 음주매너는 술을 위주로 하는 '안주식' 음주방식이나, 서양은 요리를 맛있게 먹기 위한 '반주식' 음주매너이다. 따라서 식전주(aperitif) → 식중주(table wine) → 식후주(after dinner drinks)로 구분 지어 요리에 맞는 주류를 선택하여 마신다. 식중주가 요리에 어울리는 와인을 마시는 코스라면, 식전주는 요리에 어울리는 술이 아닌 식욕제적 의미가 있다. 와인은 dry와 sweet 두가지 맛으로 구분되는데, 식용촉진제로는 dry한 맛이, 요리에는 sweet한 맛이 어울린다. 식전주는 dry한 맛으로 세계적으로 알려져 있는 스페인 헤레스(Jeres)지방에서 백포도주로 만든 쉐리(sherry)가 있다. 스페인은 프랑스, 이탈리아에 이어 세계 3위의 포도주 생산국가이다. 다음으로는 프랑스 산 뒤보네(Dubonnet)와 이태린 산 베르무트(vermouth[*버무스*])가 있는데, 이 술의 내용은 다음과 같다.

vermouth : a sweet or dry, white fortified(와인에 알코올 첨가) wine flavored with aromatic(방향) herbs, used in cocktails and as an aperitif

한편 칵테일로는 남성, 특히 미국인들이 주로 선호하는 마티니(martini[진, 베르무스 혼합 칵테일])와, 여성이 주로 즐기는 맨해튼(Manhattan[*맨해튼* 위스키와 베르무스 혼합 칵테일])이 있다. 강한 화주(spirits)로 만든 식전주는 이탈리아의 국민주격인 캄파리(campari)로 만든 campari on the rocks 가 있다.

11 손님이 위스키를 주문할 때

C : What kinds of whisky have you got ?

W: We've got an Irish whisky, a rye and a bourbon.

C : 위스키로는 무슨 종류가 있습니까?

W : 아이리쉬 위스키, 라이, 버본이 있습니다.

 손님이 위스키를 주문할 때

◐ What kinds of whisky have you got ?

◐ 어떤 종류의 위스키가 있습니까?

◐ Can I get something to drink ?

◐ 무엇을 좀 마시고 싶습니다.

◐ To start with, we'll have a double whisky on the rocks, please.

◐ 식사전에 위스키 온더락스 더블로 마시겠습니다.

▶ Now, let's see what shall I have.

Well, I'd like a gin, please, regular, with tonic.

> 자, 무엇으로 마실까?

진토닉, 레귤러로 주기 바랍니다.

▶ I'd like a rye whisky.

> 라이 위스키로 들겠습니다.

▶ C : A whisky, please.

W : Would you like bourbon, rye or malt, sir?

> C : 위스키 한 잔 하겠습니다.

W : 버본을 라이, 몰트 어느 것으로 드시겠습니까?

▶ C : Whisky and soda with ice, please.

> C : 위스키 소다에 얼음을 넣어 주시오.

▶ W : What would you like?

C : We'll have one gin and tonic and two Scotch on the rocks.

> W : 무엇으로 드시겠습니까?

C : 진토닉 한잔, 스카치 온더락스 2잔 주시오.

종업원이 위스키 종류를 제시하여 주문을 받을 때

C : A whisky, please.

W : Would you like bourbon, rye … sir.

　　C : 위스키 한 잔 주기 바랍니다.
　　W : 버본, 라이 … 중 어느 것으로 드릴까요?

위스키 주문받기

(1) 손님이 가령 "저, 위스키 한 잔 하겠습니다. 스카치 위스키로 주기 바랍니다."라고 특정 위스키를 지적 했다면,

　　Certainly, sir. Would you like any water or ice with it ?
　　「그러시죠. 스카치 워터, 스카치 온더락스 어느 것으로 하겠습니까?」
　　로 묻는다. 이외 조주 방법을 묻는 말로는 다음과 같다.

　　(Would you like) a single or double, sir ?
　　「싱글, 더블 어느 것으로 하시겠습니까?」

　　On the rocks, sir.
　　「온더락스로 하시겠습니까?」

　　Would you like your whisky with water or straight, sir ?
　　「스카치 워터, 스트레이트 어느 것으로 하시겠습니까?」

(2) 손님이 가령 캐나디언 위스키를 들겠다고 한다면,

　　Certainly, sir. I have a Canadian club and seagram's V.O.
　　Which would you prefer, sir?
　　「그러시죠. 캐나디언 위스키와 시그램스 브이 오 중 어느 것으로 하시겠습니까?」

▶ 국별/원료별 위스키의 종류

위스키를 생산하는 나라와 원료별로 위스키 종류를 보면 다음과 같은 것이 있다.

① Scotch whisky : 스코트랜드 산으로 malt(맥아)를 원료로 하여 malt, grain, blended whisky로 나누며, 우리나라의 스카치 위스키는 원료(malt와 grain)를 수입하여 국내에서 blended하여 시판된 것이 많다.

② Irish whiskey : 아일랜드(에이레와 북아일랜드)에서 제조되는 위스키로 malt를 주원료로 사용하나, 향기가 진하고 맛이 중후한 것이 특징이다. 아일리쉬 위스키는 위스키 병이 고급스럽고 중후하게 만들어 대중적 컬러가 있는 스카치와 차별성을 두어 선물용으로 경쟁력을 높이고 있다.

③ American whiskey : 미국에서 생산되는 위스키의 총칭이나 corn(옥수수)를 주원료로 사용하는 버본(Bourbon) 위스키가 대종을 이루고 있다. 버본은 미국 켄터키 주 버어본 군에서 시작하여 켄터키 주 특산 옥수수를 56% 이상 주원료를 사용하고 있다.

④ Canadian whisky : 캐나다에서 생산되는 위스키로 rye(호밀)의 사용이 많은 것이 특징이며, 생산량도 매우 많다.

   ※ 미국과 아일랜드는 자체적으로 whiskey로 표기하고, 외국산에 대해선 whiskey를 사용

12 메인 디쉬(*main dish*)를 주문할 때

― steak을 주문하는 경우

> W: May I take the order for your main dish now?
> C : I'll have the entre côte.
>
> W : 요리 주문을 하시겠습니까?
> C : 안트러 코웃으로 주시기 바랍니다.

위 예문에서 main dish는 코스 요리에서 '본격 요리'에 해당된 코스로 일명 entrée, main course를 의미하여 이에 해당한 요리로는 steak이 있다.

메인 코스 요리를 주문할 때

■■■steak을 주문하는 경우

◐ I'd like the steak, please, medium.

     ◐ 스테이크, 미디엄으로 구어 주기 바랍니다.

◐ W : May I have your order?

     C : Yes, let me try today's special.

        Is it roast beef?

W : Yes, sir.

C : Okay, I would like it well-done.

> W : 주문하시겠습니까?
> C : 예, '오늘의 특별 요리'인 로스트 비프로 하겠습니다.
> W : 알겠습니다, 손님.
> C : 그럼 웰던으로 해 주십시오.

I'll have a mixed Salad and a Sirloin Steak.

> 믹스드 샐러드에 서로인 스테이크로 주기 바랍니다.

steak의 요리 상태를 묻는 말

손님이 주문을 할 때 '요리 상태'를 지시하지 않으면 종업원은 다시 그 요리 상태를 묻는다.

W : How would you like your steak?

C : Medium rare, please.

W : Is this about right?

> W : 스테이크을 어떻게 구어 드릴까요?
> C : 중간정도로 익혀주세요.
> W : 이 정도로 구웠으면 되겠습니까?

W : How would you like it done?

C : Well-done, please.

W : Is this about right?

C : I'd like it done a little more.

ⓒ W : 스테이크을 어떻게 조리해서 드릴까요?
　 C : 잘 익혀주세요.
　 W : 이 정도면 되겠습니까?
　 C : 좀더 구어 주세요.

| Pattern | 요리상태를 물을 때 |

How would you like *your steak* ?
it done

▶ *main course*의 다른 용어

메뉴에 표기된 이 부분의 용어로는 「mea dishes」, 「main dishes」, 「meat」, 「main course」, 「entrées」 등이 있다.

▶ 육류(肉類)

beef(牛肉)

chuck loin	목·어깨살 로스	sirloin	써로인(허리고기윗부분)
fillet	필레살(허리부분)	tenderloin	텐더로인(허리부분)
flank	옆구리살	veal cutlets	송아지 로스 肉
rib loin	갈비살	chateaubriand	샤토브리앙
rump	엉덩이살	T-bone	티본 스테이크
shank	정강이살	tournedos	토네도스

pork(돼지고기)

belly	배부위살	fillet	허리부위살
Boston butt	어깨살 로스	tenderloin	텐더로인

chicken(닭고기)

breast	가슴부위	liver	닭간
carcass	내장을 뺀 몸통고기	thigh	넓적다리
gizzard	모래집	winglet	날개

기타 肉

turkey	칠면조	domestic duck	집오리
duck	오리	brawn	삶아서 소금에 절인 돼지고기
goose	거위	mutton	양고기
pheasant	꿩	veal	송아지
duckling	집새끼 오리	wild boar	멧돼지
quail	메추라기	sparrow	제비
squab	새끼 새요리	lamb	새끼양
saddle	양의 등심고기		

13 스테이크(*steak*)에 따르는 야채설명

－garniture를 묻는 경우

C : I'll have a Sirloin steak.

Which vegetables come with the steak?

W: French fried potatoes, carrots and peas.

C : 써로인 스테이크에 무슨 야채가 곁들어 나옵니까?

W : 후라이 포테이토, 당근과 콩이 딸려 나옵니다.

※ garniture : 요리의 「고명」, 곁들이는 것(garnish)을 의미한 것으로, 스테이크의
접시 윗쪽에 딸려 나온 야채를 말한다.

손님이 묻는말과 그 대답말

◑ What vegetables come with the steak?

What comes with the steak?

What do I get with the roast duck?

◑ 이 스테이크에는 무슨 야채가 나옵니까?

이 스테이크에 어떤 야채가 나옵니까?

오리 로스트에는 어떤 것이 있습니까?

▌대답▌It's served with peas, mushrooms, chips and tomatoes, madam.

「완두콩, 버섯, 감자칩, 토마토가 나옵니다, 부인.」

It comes with peas, onions, chips and spinach.

「완두콩, 양파, 감자칩, 상추가 나옵니다.」

They garnish the steak with broad beans mushrooms and chips.

「이 요리에는 누에콩, 버섯, 감자칩이 곁들여 나옵니다.」

It's garnished with tomatoes and mushrooms.

「토마토, 버섯이 곁들여 나옵니다.」

Pattern	곁들여 나오는 것에 대한 설명

It's served	with	chips.
It's garnished		roast potatoes.
It's comes		spinach.
		peas(or runner beans).
		onions.
		carrots.

 종업원이 물을 때(손님이 garniture를 묻지 않으면)

◉ What would you like to go with that as vegetables, sir?

What would you like with the steak as vegetables, sir?

◉ 이 요리에 어떤 야채를 곁들여 드시겠습니까?

이 스테이크에 무슨 야채를 드시겠습니까?

▶ *vegetables*와 *garniture*

고기요리가 담겨져 나온 야채요리를 vegetables(야채)라고 하며, 같은 의미로 garniture(장식물, 요리에 곁들여 나온 것)라고도 부른다. 다만 후자는 고기요리만에 사용되는 것이 아니라 맨해튼, 마티니 칵테일 잔에 체리, 올리브나 양파가 딸려 나온 장식물도 garniture라고도 부르는 것이 vegetable과 다르다.

스테이크에 곁들여 나오는 가니쳐는 색깔 배합의 의미로 접시 좌측으로부터 白, 綠, 赤의 순으로 하여 예를 들면, 다음과 같이하여 내 놓는다.

- 白 – mashed potatoes(짓이긴 감자)
- 綠 – runner beans(깍지 콩)
- 赤 – carrots(당근)

14 야채요리(*salad : vegetable*)는 제철에 나온 것이라야 한다.

C : What do you think I should have?

W: I can recommend the mushrooms and the spinach, sir.

They are both in season at the moment.

C : 내가 무엇을 먹었으면 좋겠습니까?

W : 지금이 제철인 송이와 시금치 요리를 권해드리고 싶습니다.

제철에 나온 야채라는 표현

◉ I suggest the broccoli, sir.

It's *in season* at the moment, and it is very good.

◉ 브로콜리를 권하겠습니다.

지금이 나오는 시즌이면서 맛이 좋습니다.

◉ C : What's good at the moment in the way of vegetables?

W : I would have the broad beans and carrots, sir.

They're both *in season* at the moment.

◉ C : 야채로는 지금 먹을 것으로 무엇이 좋습니까?

W : 누에콩, 당근이 좋습니다.

이런 것들은 지금이 나오는 제철입니다.

C : Help me make up my mind, would you?

W : I would have the tomatoes and the runner beans, sir.

They're both *in season* at the moment.

> C : 무엇을 먹었으면 좋겠습니까?
> W : 토마토, 런너빈즈를 권해보겠습니다.
>   이런 것들은 둘다 지금 한창 나오는 제철입니다.

I'm afraid it is not *in season*, sir.

> 죄송합니다. 그것은 나올 제철이 아닙니다.

season과 *flavour*

season이 명사로 쓰일 때는 가령, "The broccoli is in season at the moment(브로콜리는 지금이 막 제철물입니다)."로 '제철', '제 계절 생산물'의 뜻이 된다. 그러나 동사가 될 때는 '간을 맞추다', '조미하다'의 뜻으로, 'Mutton seasoned with garlic(마늘 양념한 양고기).'가 된다. 이와 같은 뜻으로 flavour도 쓰이고 있어, 'Flavour soup with garlic(마늘향을 감미한 수프).'가 된다.

C : What's this seasoning made from?

「이 요리에 치는 조미료는 무엇으로 만든 것입니까?」

W: It's a mixture of pepper and various spices.

It should be sprinkled on your food.

「이 조미료는 후춧가루와 여러 가지 양념을 섞어서 만든 것입니다. 요리 위에 쳐서 잡수십시오.」

야채(*vegetables*)

- kindney beans 키드니 빈즈(강남콩)
- pumpkin 펌킨(서양 큰호박)
- cabbage 캐비지(양배추)
- ginkgo nut 긴코우넛(은행)
- green pepper 그린페퍼(피망)
- celery 셀러리
- radishes 래디쉬즈(무우)
- beet(root) 비트(사탕무우)
- tomatoes 터메이토우(토마토)
- aubergines 오무버진(가지)
- leeks 리익(부추)
- sweet peppers 수윗페퍼(후추)
- spinach 스피니츠(시금치)
- Brussels sprouts 브라즐스 수프라웃
  (양배추의 일종)
- lotus 로우터스(연)

- asparagus 아스파라거스
- peas 완두콩
- cauliflower 콜리플라워(꽃양배추)
- cucumber 콧컴버(오이)
- green beans 그린빈즈(깍지 강남콩)
  (string beans)
- potatoes 포테이토즈(감자)
- broad beans 브로드 빈즈(누에콩)
- onions 오니언즈(양파)
- sweet corn 스윗콘(사탕옥수수)
- carrots 캐럿(당근)
- broccoli 브라컬리(브로콜리)
- mushrooms 머쉬룸(버섯)
- radishes 래디쉬즈(무우)
- lentils 렌틀즈(편두콩)

15 디저트(*dessert*)를 주문할 때

C : I'd like some dessert, please.

W: Would you like cream caramel or cherry and almond tart ?

C : 디저트를 주문하겠습니다.

W : 크림 캐러멜이나 체리 아몬드 다트 중 어느 것으로 하시겠습니까?

손님이 디저트를 주문할 때

◐ Something light to follow, I think.

The cream caramel, please.

◐ 가벼운 것으로 이어서 먹겠습니다.
크림캐라멜을 주십시오.

◐ I'd like some dessert, just a small portion.

◐ 디저트를 하겠는데 양을 적게 해 주십시오.

◐ I'd like some sweet to follow.

◐ 다음 요리로는 단맛이 있는 것으로 주십시오.

ⓘ I'll have the peach Melba, please.

> ⓘ 나는 복숭아 멜바로 하겠습니다.

ⓘ I don't want anything too sweet.

> ⓘ 나는 너무 단 것은 싫습니다.
>
> ※ sweet은 식후에 먹는 단 것이다.

손님에게 디저트를 권할 때

ⓘ W : Would you like something sweet, sir?

C : What do you suggest?

W : An ice cream, perhaps? The lemon sorbet, for instance ?

> ⓘ W : 디저트로는 스위트 한 것으로 드시겠습니까? 부인.
>
> C : (스위트 한 것으로는) 무엇을 먹었으면 좋겠습니까?
>
> W : 아이스크림이나 레몬 샤베츠는 어떻습니까?

ⓘ C : I'm finished. That was delicious.

W : Thank you, sir. I'm glad you enjoyed it.

Would you like some dessert now, or some cheese?

> ⓘ C : 식사가 끝났습니다. 요리가 맛있었어요.
>
> W : 고맙습니다, 부인.
>
> 맛이 있으셨다니 기쁩니다.
>
> 디저트나 치즈 중 어느 것으로 드시겠습니까?

손님이 디저트를 주문하면, 다시 커피 등을 주문받도록 한다.

■■■ 1단계 : 디저트를 주문할 것인지를 묻는다.

W : This is the complete course. Would you like some sweet?

C : What do you suggest?

> W : 이것이 마지막 코스입니다. 디저트로 감미로운 것을 드시겠습니까?
> C : 무얼 먹으면 좋겠습니까?

■■■ 2단계 : 디저트로서 구체적인 요리명을 들어 선택하게 한다.

Would you like the lemon sorbet or the peach melba perhaps?

> 레몬 샤베츠나 피치멜바는 어떻습니까?

W : There is dessert to follow.

The fresh fruit salad, for instance.

C : The fresh fruit salad sounds good. I'll have that.

> W : 디저트로 과일샐러드가 있습니다.
> C : 과일샐러드 좋습니다. 그것으로 주기 바랍니다.

■■■ 3단계 : 디저트를 선택하면 이어서 커피 등을 추가 주문토록 한다.

W : Fresh fruit salad.

And would you like coffee afterwards?

C : Yes, please.

> W : 과일샐러드로 드십시오. 그리고 이어서 커피를 드시겠습니까?
> C : 그렇게 주세요.

▶ 디저트의 구성

dessert(後食) ┌ sweet(甘味) ┌ cold sweets : 아이스크림류
                │   │ hot sweets : 푸팅 같은 것
                │   └ sherbet(sorbet) : 솔베(佛), 얼음과자류
                └ savoury(세보리) ─ 치즈를 재료로 하는 후식

이상의 범주에 속하는 주요 디저트는 다음과 같은 것이 있다.

- ice cream
- whipped cream cake
- chocolate cake
- pears baked in red wine
- peach Melba
- fruit cocktail

- ice coffee with ice cream
- sweet redbean-paste soup
- chocolate sundae
- banana fritters
- pudding

▶ 과일(fruits)

- cashew nuts 캐슈너트
- chestnuts 밤
- walnuts 호두
- blackcurrants 까막까치밤나무
- watermelon 수박
- dates 대추야자 열매
- papaya 파파야
- grapes 포도
- hazelnuts 개암
- tangerine 귤(유럽산)
- peach 복숭아
- melon 참외

- figs 무화과
- persimmon 감
- kiwi-fruit 키위 프룻
- raspberries 나무딸기
- grapefruit 그레이프 프룻
  (미국 남부 특산물)
- gooseberries 구스베리의 열매
- pear 배
- nectarine 승도 복숭아
- peanuts 땅콩
- plums 서양자두
- raisins 건포도

16 커피·티를 서브할 때

C : I'd like some coffee.

W: With or without caffeine, sir?

C : 커피로 하겠습니다.

W : 카페인 뺀 커피와 있는 커피 어느 것으로 하시겠습니까?

손님이 커피를 주문할 때

◑ Oatmeal, please. And coffee.

◑ 오트밀하고 커피 주기 바랍니다.

◑ We'll have two orange juices, please.
   And coffee for two, please.

◑ 오렌지 주스 두 잔, 커피 2잔 주기 바랍니다.

◑ We'd like our coffee with our dessert, please.

◑ 디저트와 커피를 주기 바랍니다.

◑ I think I'll try the korean tea, green tea.

◑ 한국 녹차를 먹어 보겠습니다.

손님에게 커피를 주문할 것인지 물을 때

◐ Would you like coffee afterwards?

　　◐ 나중에 커피를 드시겠습니까?

◐ W : Which would you prefer tea or coffee?
　 C : Coffee, please.
　 W : Two, sir?
　 C : Yes.

　　◐ W : 차, 커피 어느 것으로 하시겠습니까?
　　　 C : 커피로 주기 바랍니다.
　　　 W : 커피 두 잔입니까?
　　　 C : 맞습니다.

◐ Would you care for some coffee?

　　◐ 커피드시겠습니까?

◐ How about a cup of tea?

　　◐ 차 드시겠습니까?

◐ Would you like some coffee now?

　　◐ 지금 커피 드시겠습니까?

coffee를 어떻게 해 낼 것인가를 물을 때

W : How would you like your coffee?

C : - Make it black.

     - With cream and sugar.

     - With cream, but without sugar.

     - Only with sugar.

> W : 커피를 어떻게 해서 드릴까요?
> C : - 블랙으로 하겠습니다.
>   - 크림, 슈가 모두 타 주세요.
>   - 크림만 타 주세요.
>   - 설탕만 타 주세요.

C : I'd like some coffee.

W : With or without caffeine, sir?

> C : 커피로 하겠습니다.
> W : 카페인이 없는 것 드릴까요?

tea를 어떻게 해서 낼 것인가를 물을 때

> W : How would you like your tea?
> C : - I'd like it with cream.
>   - With a slice of lemon.
>   - With milk, but without sugar.

> W : 차를 어떻게 해서 드릴까요?
> C : - 크림을 타 주세요.
>   - 레몬을 띄워주세요.
>   - 밀크만 타 주세요.

🅿 커피의 종류

- black coffee
- coffee with milk
- decaffeinated coffee
- Irish coffee
- Turkish coffee

- coffee with cream
- espresso coffee
- capuccino
- caribbean coffee

 서비스

커피의 역사

왜 영국은 홍차, 미국은 커피인구가 많은가

커피는 레스토랑에서 풀코스 요리에 맨 마지막 코스에서 제공된다. 커피가 서브되면 요리가 끝났다는 신호이기도 하다. 코스요리에서 식사 후 입가심으로는 dessert에서 처리되므로, 커피의 역할은 식후 참석자끼리 대화를 나누라는 대화용에 의미가 있다

할 것이다.

(1) 커피는 A.D. 870년대에 페르시아에서 이미 마시고 있었다. A.D. 1000년경에는 에티오피아 원산 커피콩이 아라비아에 전해졌으며, A.D. 1500년경에 와서 이슬람교에서 커피를 악마가 마시는 것이냐 약용으로 마실 것인가를 놓고 논쟁이 있었다가, 허용으로 결론이 나면서부터 퍼져나가게 되었다. 이후 터키에서는 커피를 마시는 다방이 생겼고 이집트, 시리아에서도 나타나게 되었다. 1524년 멕카에서는 커피마시는 것이 금지되었는데 그 이유는 매춘가에서 많이 마셨기 때문이었으며, 그 대신 가정에서는 허용하였다.

(2) 1554년에는 콘스탄티노플에 카페 가네스(화려한 커피점)이라는 커피하우스가 개점되었는데, 상인과 외교관들의 이용이 많아지면서 이것이 유럽 커피점 제1호가 되었다. 1616년 아라비아 모카항으로부터 모카 커피가 네덜란드에 수출되었으며, 이어서 1637년에 불란서로부터 대량 커피가 런던으로 수출되고 일반인들이 마시기 시작하였다. 당시 터키인 롯세가 천막집으로 커피하우스를 열어 일약 런던의 명물이 되었다. 1660년 네덜란드 외교관 니이호프가 커피에 밀크를 넣어서 처음으로 먹었으며, 맛이 괜찮아서 널리 보급되기에 이르렀다.

(3) 1699년 네덜란드인이 인도네시아에 커피재배에 성공하였고, 종자는 아라비아 모카항에서 온 것을 사용하였다. 1600-1700년대 유럽에서는 마신 커피가 오늘날의 Espreso와 같은 것이었다. 1800년대에 들어 와서는 남미에서 나라들이 들어서면서 각국의 커피재배가 활발해졌으며, 그 중 브라질이 유명하게 되었다.

(4) 1700년대 미국합중국 독립 당시, 영국 동인도회사는 중국으로부터 홍차를 걷어 영국으로 보내 현재에도 영국인들에게는 홍차가 생활되고 있는 반면, 현재 미국인들은 커피가 생활화되고 있다. 그렇게 된 사연은 미국의 동부 식민지에는 영국으로부터 이주자가 많았던 관계로 압도적으로 홍차가 많이 소비되었다. 동인도회사는 이에 착안하여 이익을 높이기 위하여 중국에서 홍차를 수입하여 들여왔다. 영국 본국정부도 동인도회사에 독점권을 주는 茶法을 제정함에 따라 식민지 상인들은 큰 타격을 입게 되었다. 그 후 미국에서는 이 茶法을 반대하여 홍차 불매운동을 폈으며, 그 대신 커피를 마시는 사람들이 늘어났다. 그 전통이 오늘에 이르고 있어 미국인들은 커피를 많이 마시고 있는 것이다.

17 룸서비스(*room service*)를 할 때

> W: Room service. May I help you?
>
> C : Could you send up one consommé soup and one ragôut of chicken to room 224, please?
>
> W : 룸서비스입니다.
>
> C : 224호실로 콩소메 수프하고 치킨라구 각각 1인분을 보내주십시오.

손님이 룸서비스를 받고자 할 때

◐ I'd like the tomato soup and the ragôut of chicken, please. It's room 250.

> ◐ 토마토 수프와 치킨라구를 보내주기 바랍니다.
> 250호실입니다.

◐ This is room 215.

We'd like two cold roast beef salads, please and two hamburgers.

> ◐ 여기는 215호실입니다.
> 찬 로스트 비프 샐러드 2인분과 햄버거 둘을 보내주십시오.

A bottle of white wine, two hamburgers, one grilled sausage and an ice cream, please.

That's 225, the room number.

> 화이트 와인 한 병, 햄버거 2, 군소시지 하나와 아이스크림 하나를 보내주십시오.
> 225호실입니다.

I'd like a bowl of soup, please the consommé. In room 256. I'm in a hurry.

> 콩소메 수프 1인분을 256호실로 보내주십시오.
> 빨리 갖다 주십시오.

룸서비스 오더 테이킹

■■■ 손님의 오더를 받고난 후의 표현

Certainly, sir.

> 예, 갖다 드리겠습니다.

Certainly, sir.

I'll get your order right away.

> 네, 알겠습니다, 손님.
> 곧 갖다 드리겠습니다.

What's your room number, sir?

> 룸 넘버가 어떻게 됩니까?

◑ Thank you, madam. What room number is it? It will be about ten minutes.

◐ 감사합니다. 부인. 객실번호를 말씀해 주시겠습니까? 약 10분후에 갖다 드리겠습니다.

◑ How many glasses will you need, sir?

◐ 잔은 몇 개를 갖다 드릴까요?

◑ Will that be all?

◐ 그것으로 되겠습니까?

▪▪▪ 커피를 룸서비스할 때

◑ Coffee for how many people, please?

◐ 커피는 몇 인분을 갖다 드릴까요?

◑ We serve coffee in small or large pots.

The small pot contains two servings, the large one contains four.

Which would you prefer?

◐ 우리들은 커피를 작은 포트와 큰 포트로 서브하고 있습니다. 작은 포트는 2인분이 들어 있습니다. 큰 포트는 4인분입니다.
어떤 것으로 가지고 갈까요?

■■■차를 서비스할 때

I'd like some _____ tea with milk/lemon.

         Indian   홍차

         black   홍차

         green   녹차

         jasmin 자스민(중국 차)

         oolong 우롱 (중국 차)

C : Could you send up some more green tea, please.

C : I ordered some black tea for 5 people, but it still hasn't arrived.

Please hurry.

W : Your order should take about twenty minutes, sir.

I'll have ready as soon as possible.

C : How many cups of tea are there in the pot?

W : We serve tea(coffee) in small or large pots.

The small pot contains two servings and the large one contains four.

Which would you prefer?

C : 홍차를 올려 보내 주십시오.
C : 5인분 홍차를 주문했는데 아직 안왔습니다. 빨리 보내 주십시오.
W : 손님 주문은 약 20분이 걸립니다. 가급적 빨리 갖다드리겠습니다.
C : 한 포트에 몇 잔 나옵니까?
W : 저희들은 작은 포트와 큰 포트로 서브합니다. 적은 것은 두 2인분, 큰 것은 4인분들이입니다.
    어느 것으로 하시겠습니까?

18 룸서비스와 손님의 불만

C : Room Service ? I ordered breakfast, but it still hasn't arrived yet.

W: I'm very sorry, sir. Your order is ready.

C : 룸서비스입니까? 아침을 주문했는데 아직 오지 않았습니다.

W : 대단히 죄송합니다. 다 됐습니다. 곧 올라가겠습니다.

룸서비스의 고정표현

손님이 룸서비스로 주문을 했는데도 배달이 안될 때 전화로 독촉 내지 불만을 호소해 올 수도 있다.

C : I ordered breakfast from you, but it still hasn't arrived !

W : I'm very sorry, sir. When did you order, sir ?

C : 아침식사를 주문했는데 아직 오지 않았습니다.

W : 대단히 죄송합니다, 손님. 언제 주문을 하셨습니까?

W : Did you order by phone or by reservation card ?

C : By reservation card.

W : 전화로 주문하였습니까, 예약 카드로 하셨습니까?

C : 예약 카드로 했습니다.

W : At what time did you leave the card on your door?

C : Well, I guess it was about 1 a.m.

> W : 언제쯤 문간에 그 카드를 놓아두셨습니까?
> C : 새벽 1시쯤 갖다 놓은 것 같습니다.

종업원의 대응표현

We're very sorry for the delay, sir.

Could you hold the line, please? I'll check your order.

> 늦어서 대단히 죄송합니다.
> 전화를 끊지 마시고 잠깐 기다려 주십시오. 확인해 보겠습니다.

Could you wait a little longer, please?

Your order is already on the way.

> 조금 더 기다려 주시겠습니까?
> 손님의 주문은 지금 가고 있는 중입니다.

We're very sorry to have kept you waiting, sir. Your order will be with you very soon.

> 기다리게 해서 대단히 죄송합니다, 손님.
> 주문하신 것은 곧 배달이 될 것입니다.

Your order is ready now.

We will send it up immediately.

> 손님께서 주문한 것이 지금 준비가 다 됐습니다. 바로 올려가겠습니다.

When we delivered your order, you were not in your room.

> 저희들이 주문하신 것을 가지고 갔었으나, 손님이 계시지를 않았습니다.

We have kept it here.

May we bring it now?

> 주문하신 것은 다 됐습니다.
> 지금 가지고 가도 되겠습니까?

Your order is ready.

The waiter is bringing it now.

> 손님의 주문은 준비가 다 됐습니다.
> 웨이터가 지금 가지고 갈 겁니다.

C : Can you send up some breakfast as soon as possible?

W : It will take between 30 and 40 minutes at this time, sir.

> C : 가급적 빨리 아침을 보내주기 바랍니다.
> W : 이 시간대에는 30~40분이 걸립니다.

We're very sorry we couldn't help you, sir.

> 도와주지 못해서 죄송합니다.

19 룸서비스 딜리버리(*delivery*)

W: Good morning. (This is) Room service. May I come in?

C : Come in.

W : 안녕하십니까? 룸서비스입니다. 들어가도 되겠습니까?

C : 들어오세요.

배달(delivery)시 표현

◉ Here's your meal, sir.

　◉ 여기 가지고 왔습니다, 손님.

◉ Where shall I put _____?

　◉ _____을 어디에 놓을까요?

◉ Could you sign here, please?

　◉ 여기에 사인을 해 주시겠습니까?

◉ Thank you, sir/Madam. When you finished, could you leave the tray in the halway, please?

　◉ 감사합니다. 다 드시면 트레이에 올려놓고, 복도에 갖다 놓아두십시오.

◉ Please enjoy your meal.

◉ 맛있게 드십시오.

룸에서 서브할 때의 표현

◉ May I serve your soup, now?

◉ 수프를 지금 드릴까요?

◉ Shall I open the wine, now?

◉ 지금 와인마개를 따 드릴까요?

◉ May I move _____ aside, sir?

◉ _____을 옆으로 당겨 옮길까요?

◉ That's very kind of you, sir, but I'm afraid we cannot drink on duty.

◉ 친절하십니다만 근무 중에는 술을 마실 수 없습니다.

◉ That's very kind of you, sir, but a service charge has already been added to your bill.

◉ 손님, 친절하십니다만 봉사료는 손님계산서에 계산됐습니다.

20 바(*bar*)에서

W: What kind of whisky would you like?

C: Well, I guess I'll have a shot of Bourbon, straight.

W : 무슨 위스키로 하시겠습니까?
C : 버본 스트레이트로 한 잔 주기 바랍니다.

바에서 손님의 주문

◉ I'll have a shot of Bourbon, straight, No, change that, make it a double shot on the rocks.

◉ 버본 스트레이트 한 잔 주시오, 아니, 바꾸겠습니다. 온더락스 더블로 한 잔 하겠습니다.

◉ I'll have a Martini, please.

◉ 마티니로 하겠습니다.

◉ W : What will you have?

　 C : A beer would be fine.

◉ W : 어떤 것으로 드시겠습니까?
　 C : 맥주로 하겠습니다.

◉ I'll have a draft.

> ◉ 생맥주 한 잔 하겠습니다.

◉ Give me a Scotch and water.

> ◉ 스카치 워터를 주십시오.

◉ Give me something fairly low proof.

> ◉ 주정도수가 낮은 것으로 주세요.

◉ What would you recommend ?

> ◉ 내가 무엇으로 마시면 좋겠는지요?

◉ Please make this one a little sweeter.

> ◉ 이 술을 조금 감미가 있게 만들어 주십시오.

바텐더(bartender)의 표현

◉ W : May I help you ?

C : A Martini, please.

W : Would you like that straight up or on the rocks ?

> ◉ W : 무엇으로 드시겠습니까?
> C : 마티니 한 잔 주세요.
> W : 스트레이트와 온더락스 중 어느 것으로 하시겠습니까?

◉ C : I'll have a Martini, please, on the rocks.

W : That will be 5,000 won.

> ◉ C : 마티니, 온더락스로 주세요.
> W : 5천원이 되겠습니다.

◉ What will you have?

> ◉ 무엇으로 드시겠습니까?

◉ Can I get you something?

> ◉ 무엇으로 드시겠습니까?

◉ We have only 2 kinds of Chablis and Rhine.

> ◉ 저희 바에서는 샤블리 백포도주와 라인 두 가지만 취급하고 있습니다.

◉ Would you care for anything to drink, sir?

> ◉ 무엇으로 마시겠습니까?

◉ What brand of Scotch would you like, sir?

> ◉ 어느 브랜드 스카치로 드시겠습니까?

◉ C : Give me coffee.

W : We are very sorry, sir?

We cannot serve coffee here.

> ◉ C : 커피 주세요.
> W : 대단히 죄송합니다.
> 저희 바에서는 커피 서비스를 하지 않습니다.

C : What would you recommend?

W : Well, let me see, I'd recommend the Sherry, Vermouth, Martini, or a Manhattan.

C : 무엇으로 들었으면 좋겠습니까?

W : 글쎄요. 쉐리, 버머스, 마티니 아니면 맨해튼을 권해 보고 싶습니다.

Please taste this one, sir.

Would this be all right?

이것 맛 좀 보시겠습니까, 손님.

맛이 괜찮습니까?

Pattern	손님의 의향을 물을 때

Would you like	me	to put a piece of ice in it?
	me	to put some more water in it?
	some ice water?	

bar의 C.O.D. 계산법

외국, 특히 구미사회에서는 바에서 술을 마시는 경우 술과 돈을 맞바꾸는 계산제도로서 이른바 'Cash on Delivery' 회계관행이 있다.

즉, 요금을 먼저 손님이 내고 마실 술이 나오는 관행으로 이때 카운터에 팁접시를 놓아두면 손님이 팁을 얹어 놓는다. 이는 바텐더가 돈을 손으로 만지는 비위생적인 면을 방지하는 방편이기도 하다.

bartender

미국식으로는 bartender이나 영국식은 barman이라고 한다. 바텐더는 카운터에 앉아 있는 손님에게 술을 조주해서 내는 것이 본업이 되겠으나, 이런 기능 이외에 손님을 즐겁게 편안하게 해주는 역할 또한 바텐더 기능의 중요부분이다.

따라서 카운터에 앉아 있는 손님에게 간단한 대화의 상대가 되어 주어야 한다. 가령, 날씨 이야기라거나, 최근 화제가 되고 있는 스포츠, 사회관심사의 이런 저런 이야기를 화제로 삼아 손님을 즐겁게 해 주면 한층 술맛도 더 돋구게 되어 판촉효과도 올릴 수 있다.

화제를 유도할 때는 다음 사항에 유의한다.

① 말을 짧게 하여 손님과의 대화가 마치 탁구공과 같이 왔다 갔다하는 식으로 진행한다.

② 말을 유모러스하고 재치가 있게 하여, 생동감있는 대화 분위기를 조성한다.

③ 한 손님과의 대화에 편중시키지 않고, 다른 손님과도 고루 갖도록 배려한다.

④ 외국손님에게는 한국 방문인상, 몇 번째 방문인가에도 관심을 갖는다.

⑤ 사생활에 관한 것, 결혼, 자녀 및 종교문제는 언급하지 않는다.

21 연회(*banquet*) 서비스

연회 서비스를 하는 행사

- weddings(결혼식)
- birthday parties(생일, 회갑연 등)
- receptions(리셉션)
- company dinners(회사 행사)
- fashion shows(패션쇼)
- social functions(사교모임)

연회장 규모 및 시설상태를 묻는 말과 대답

C : What size is the room?

W : The room is approximately 5 meters square.

> C : 룸 사이즈는 어떻게 되어 있습니까?
> W : 약 5평방 미터입니다.

C : How big(large) is the room?

W : It measures approximately 5 meters by 5 meters.

> C : 방은 얼마나 큽니까(넓습니까)?
> W : 평균해서 5×5미터 입니다.

C : How high is the door?

W : The door is 2½m high.

◉ C : 문 높이는 어느 정도입니까?
   W : 2미터 30센티 높이입니다.

◉ C : How wide is the door?

W : It's 1½m wide.

   ◉ C : 문의 넓이는 어느 정도입니까?
      W : 1미터 30센티 넓이입니다.

◉ C : What sort of floor has the room got?

W : The room is carpeted.

   ◉ C : 방바닥은 어떤 상태입니까?
      W : 카펫을 깔았습니다.

◉ C : How is it furnished?

W : It is furnished with chairs and one large table.

   ◉ C : 장식상태는 어떻습니까?
      W : 의자와 큰 테이블 하나가 있습니다.

◉ C : How is it equipped?

W : It is equipped with a blackboard and two electric points. It can also be equipped with microphones, a video recorder, etc.

   ◉ C : 장치는 어떻게 됐습니까?
      W : 칠판 하나, 전원이 두 곳, 마이크, 비디오 시설이 되어 있습니다.

◉ C : Do you charge _____?

W : There would be no charge for _____.

W : The charge for _____ would be per day.

C : _____의 사용료를 내야 합니까?

W : _____는 무료 사용입니다.

W : _____는 사용료가 있고, 1일 사용입니다.

종업원이 더 확인해 볼 사항

What sort of table plan would you like ?

　테이블 배치는 어떻게 해 드릴까요?

Would you like place cards ?

　좌석표를 마련해 드릴까요?

What about music ?

　어떤 음악을 준비할까요?

What sort of table decoration would you like ?

　테이블에 어떤 데코레이션을 해 드릴까요?

What sort of design would you like for the menus ?

　메뉴 디자인을 어떻게 할까요?

Do you have any special wish as regards to food ?

　음식에 관해서 특별히 요구할 사항이 있습니까?

Would you like a photographer ?

　사진사는 저희들이 마련해 드릴까요?

How will you be paying ?

　계산방법은 어떻게 하실 예정입니까?

연회석 좌석 배치도

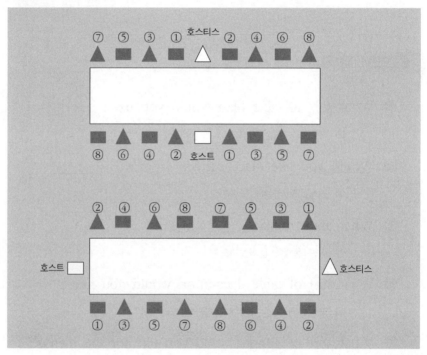

RESTAURANT ENGLISH
OR WAITER & WAITRESS

1 식사가 끝날 무렵의 표현

W: This is our last service for coffee. Would you like some more?

C : No, I've had enough.

W : 이 커피가 마지막이 되겠습니다. 다른 것 더 드실 것 없습니까?
C : 됐습니다. 많이 먹었습니다.

식후 손님의 '만족'과 종업원의 '감사' 표현

W : Will that be sufficient, sir?

C : Oh, yes, thank you, I've finished.
That was delicious.

　W : 잘 드셨습니까, 부인?
　C : 아, 예, 고맙습니다. 다 먹었습니다.
　　요리가 맛있군요.

That was a delicious meal.
We enjoyed it, thank you.

　음식이 맛이 있었습니다.
　잘 먹었습니다.

  C : I really enjoyed my meal.

      The soup was really delicious.

W : Thank you, sir.

     I'm glad you like it(them).

> C : 식사를 맛있게 잘 먹었습니다.
>
>   수프가 정말 맛있군요.
>
> W : 고맙습니다, 손님.
>
>   맛이 있게 드셨다니 기쁩니다.

※ 손님이 요리를 잘 먹었다는 의사표시를 하면, 종업원은 반드시 '감사하다'는 말로 대답
해 주어야 한다.

식사 종료 단계에서의 종업원의 여러 표현

Is everything satisfactory, sir/madam?

> 모두가 다 만족스러웠습니까?

We are taking the last orders for drinks.

(Will there be) Anything else, sir?

> 마지막으로 마실 것을 주문받겠습니다.
> 무엇을 드시겠습니까?

Are you enjoying your meal, sir/madam?

> 식사는 잘 하셨습니까?

▶ **May I take it(them)?**

　● 식기를 내가도 되겠습니까?

▶ **May I move your plate to the side?**

　● 접시를 옆으로 옮기겠습니다.

▶ **May I clean the table, sir?**

　● 식탁을 치워드리겠습니다.

숫자와 roomnumber 읽기

숫자를 읽는 방법으로는 숫자 3단계마다 코머를 붙여 각 단위별 수를 읽는다.

천(千 ; thousand) → 백만(百万 ; million) → 십억(十亿 ; billion)

[읽기]

1,235,678,910　　one *billion*, two hundred thirty-five *million*, six hundred seventy-eight *thousand*, (and) nine hundred ten.

80, 763, 029　　Eighty *million*, seven hundred sixty-three *thousand*, twenty-nine

55, 055.5　　Fifty-five *thousand*, fifty-five point five

우리나라의 숫자 단위는, <천-만-10만-100만-천만-억...> 순으로 (일)만 원, (일)십 만 원 식으로 부르고 있으나, 영어식은 만 단위가 없고 천 단위 만 있기 때문에 일만 원 은 ten thousand, 십만 원은 a hundred thousand가 된다.

[영미 숫자 단위의 차이]

▶ one　billion : 미국, 프랑스 단위는 10억(thousand millions), 영국, 독일 단위는 1조(a million millions)

▶ one　trillion : 미국, 프랑스 단위는 1조, 영국, 독일 단위로는 100만조

[room number]

호텔 등 room number는 일반 숫자를 읽는 것과는 달리 보다 기능적 효과를 내기 위하여 뒷자리부터 두 자리 수를 묶어 한 단위로 하여 읽는다.

C : Hello, Is this room service?

I'd like to order breakfast. Let's see. I'll have a fresh orange juice, a boiled egg and some toast and marmalade.

W : May I have your room number, sir?

C : Oh, The room number's 2415.[twenty four-fifteen]

[날짜와 요일; date / day]

date는 날짜를, day는 요일을 뜻하여 다음과 같이 말한다.

A : Happy Birthday, Mike! Here's a present for you!

B : Oh, my god! Today is not my birthday.

A : Oh, really? What **date** is it today?

B : Today is October 1st. My birthday was yesterday.

A : What **day** is today?(오늘은 무슨 요일이지)

2 식사가 종료될 무렵에는 식후주를 권한다.

W : Would you like anything to drink?
C : Yes, please. I'll have a brandy.

W : 마실 것을 드릴까요?
C : 예. 브랜디를 주기 바랍니다.

식사종료와 *liqueur(리큐르)*

이제까지 먹은 요리는 기름진 것이었으므로 식사종료 단계에서는 커피로 끝내는 경우와, 사람에 따라서는 리큐르로 이어지게 된다.
종사원은 식후주의 판매에도 유의 해야한다.

W : Would you like anything to drink after your coffee?
「커피를 드시고 술을 드시겠습니까?」

C_1 : What about you, Mike?
「마이크, 무엇을 들겠습니까?」

C_2 : Yes, please. And a brandy, if I may.
「예. 브랜디로 하겠습니다.」

C_1 : Just coffee for me.
「나는 커피만으로 됐습니다.」

W : Two coffees, sir, and a brandy.
「커피 두 잔, 브랜디 한 잔입니다.」

C$_1$: That's it, thank you.

「맞습니다. 고맙습니다.」

식후주를 권하는 표현

■■■ 오더 테이킹 ①

Did you enjoy your meal, sir/madam?

식사는 잘 하셨습니까?

W : Would you like an after-dinner drink?

Brandy, liqueur or something else?

C : Could I have some liqueur?

W : 식후에 술을 드시겠습니까? 브랜디, 리큐르, 기타 어떤 것을 드시겠습니까?

C : 리큐르를 주십시오.

W : How about orange curacao?

C : Yes, that sounds inviting.

W : 오렌지 큐라카오는 어떻습니까?

C : 그것 좋겠군요.

■■■오더 테이킹 ②

W : Would you like a liqueur to complete your meal, sir ?

C : Yes, a Grand Marnier for my wife and I'll have a brandy.

> W : 술로 식사를 마무리 하시겠습니까?
> C : 내 아내는 그랑 마니에를, 나는 브랜디로 하겠습니다.

W : Which brand would you prefer ?

C : I'll have a Rêmy Martin V.S.O.P., please.

> W : 어느 브랜디로 하시겠습니까?
> C : 레미 마르틴으로 V.S.O.P.로 주세요.

브랜디는 오래된 것일수록 고급주

브랜디가 오래된 것을 기준으로 하여 순위를 매기면 다음과 같다.

⑤ ·3 STAR
④ ·V.O.   very old
③ ·V.S.O.   very superior old
② ·V.S.O.P.   very superior old pale
① ·EXTRA

3 손님이 담배를 사 달라고 할 때

※ 현재는 고급레스토랑은 금연구역으로 되어 있으나, 참고로 본 대화를 소개한다.

C : Could you bring me some cigarettes, please ?

W: Certainly, sir. Which brand, sir ?

C : 담배 좀 갖다 주기 바랍니다.
W : 그러시죠. 무슨 담배로 드릴까요?

손님이 담배를 가져오게 할 때

■■■ 먼저 담배 브랜드를 묻는다.

Which brand, sir ?

Which brand would you prefer, sir ?

Which brand shall I bring to you ?

어느 브랜드로 하시겠습니까, 손님?
어느 브랜드를 좋아하십니까, 손님?
어느 브랜드로 갖다 드릴까요?

■■■ 손님이 원하는 담배를 확보하고 있지 못할 때는 '없습니다'라는 말대신에 확보하고 있는 담배를 말한다.

　▶ I'm sorry, I haven't it, sir. (×)

　▶ I'm afraid we only stock Kent or Salem, sir. (○)

　　　▶ 죄송합니다만, 없습니다.

　　　▶ 저희 레스토랑에는 켄트와 쌀렘밖에 없습니다.

　※ 없다는 부정형 표현보다는, 있는 것을 말하여 긍정문을 만든다.

■■■ 손님에 대한 담배판매는 직불로 처리

　▶ C : Could you bring me Salem Menthols, please ?

　　W : Certainly, sir, but I'm afraid they must be paid for seperately.

　　　▶ C : 멘솔 쌀렘을 갖다 주세요.
　　　　 W : 예, 그런데 죄송합니다만, 담배구입할 돈을 주셔야 겠습니다.

■■■ 손님이 현금을 주지 않고 청구서에 함께 계산하라고 할 때

　▶ C : Can't you just put it on my bill ?

　　W : I'm afraid we keep a separate record for cigarette sales.

　　　▶ C : 식사계산서에 포함해서 함께 청구해 주세요.
　　　　 W : 죄송합니다만 담배판매는 별도 계산합니다.

　▶ C : Well, how much are they ?

　　W : 1500 won, sir.

　　　▶ C : 담배값이 얼마입니까?
　　　　 W : 1500원입니다.

■■■담배를 사서 갖다 줄 때

◉ Excuse me, sir.

Your cigarettes and change. Here you are.

> ◉ 손님, 실례합니다.
> 여기 담배하고 거스름 있습니다.

담배 심부름을 못하는 경우

◉ C : Waiteress, can you get me some cigarettes?

W : There's a vending machine near here.

> ◉ C : 웨이터, 담배 좀 사다 주세요.
> W : 이 근처에 담배자동판매기가 있습니다.

◉ I'm afraid I'm not allowed to leave my post, sir.

> ◉ 죄송합니다만 이 자리를 뜰 수가 없습니다.

◉ I'm sorry I couldn't help you, sir.

The vending machine is in the lobby, sir.

> ◉ 미안합니다만 손님을 도와줄 수 없습니다.
> 담배판매기가 로비에 있습니다.

4 팁을 받을 때

C : May I have the bill, please ?

W: Here you are, sir.

C : Keep the change, please.

> C : 계산서를 주세요.
> W : 여기 있습니다.
> C : 거스름은 (팁으로) 가지시기 바랍니다.

*Keep the change*의 의미

가령 계산서에 27,500원이 나왔을 때, 손님이 3만원을 주면, 종업원은 출납계에 가서 계산을 하고 영수증과 거스름 2,500원을 손님 앞에 내 놓는다. 이때 2,500원의 거스름돈은 팁조로 '당신(종업원)이 가지시오'의 뜻이다.

 손님이 팁을 줄 때의 표현

■■■받을 때

▶ Thank you very much, sir.

> ▶ 감사합니다, 손님.

▶ If you insist, sir. Thank you, sir.

> ▶ 꼭 주신다면 받겠습니다, 손님. 감사합니다.

◉ With pleasure, thank you, sir/madam.

> ◉ 영광입니다. 감사합니다.

◉ That's very kind of you. Thank you, sir.

> ◉ 친절하시게도 주시는군요. 감사합니다.

◉ W : Here is your change of 3,500 won.

  C : Keep the change.

> ◉ W : 여기 거스름 3,500원입니다.
>   C : 거스름은 팁으로 받으십시오.

▶ *Service charge, tip*

팁의 정식용어가 '서비스 차지'이다. 보통 레스토랑에서는 계산서 청구액의 15% 정도가 서비스 차지로 합산되어 청구된다. 손님에 따라서는 서비스 차지가 계산서에 합산되었다 하더라도 계산후 잔돈 정도는 덤으로 준다.

■■■ 계산서에 서비스 차지가 계산 안될 때

◉ This bill doesn't include the service charge, sir.

If you would like to give the waiter(waitress) something that's for you to decide.

> ◉ 이 계산서에는 봉사료가 포함이 안됐습니다.
> 웨이터(웨이트리스)에 팁을 주시는 것은 손님 뜻대로 하십시오.

◉ The amount of your meal is 120 dollars, sir. The extra 12 dollars is for the waiter, sir.

> ◉ 식사대가 120달러입니다. 12불은 웨이터의 팁입니다.

C : What is this amount for?

W : The cost of your drinks is 25,000won, sir.

The extra 2,500won goes for the waiter. It's 10% of the cost of the meal for tax.

> C : 이 계산서 합계 내용은 무엇입니까?
> W : 술, 음료 등이 25,000원이 나왔습니다.
> 가외로 2,500원은 웨이터 팁으로 나갑니다.
> 식사대에 10%가 세금입니다.

A 10% service charge is included in the bill.

> 10% 봉사료가 포함된 계산서입니다.

A service charge is included in the bill.

> 봉사료는 청구서에 포함이 됐습니다.

10% value added tax is added to the bill.

> 10%의 부가가치세는 청구서에 포함시켰습니다.

A 10% service charge has already been added to your bill. If you insist, sir. Thank you very much indeed.

> 10%의 봉사료는 청구서에 계산되었습니다.
> 별도로 팁을 꼭 주신다면 받겠습니다. 대단히 감사합니다.

5 계산할 때 ① - 테이블에서

> C : May I have the check, please.
>
> W: Here you are, sir.
>
> C : 계산서를 가져오겠습니까?
>
> W : 여기 있습니다, 손님.

계산할 때 손님의 말

◑ May I have the bill, please ?

 ◑ 계산서를 가져오겠습니까?

◑ We'd like to pay separately.

 ◑ 우린 각자가 계산하겠습니다.

◑ Is there a cover charge ?

 ◑ 커버차지가 있습니까?

◑ Is the service charge included ?

 ◑ 봉사료는 포함됐습니까?

◉ What is this amount(charge) for ?

　　◉ 이 합계 내용은 무엇입니까?

◉ Do you accept traveller's checks ?

　　◉ 여행자수표를 받습니까?

◉ Can I pay with this credit card ?

　　◉ 신용카드로 내겠습니다.

위의 손님말에 대한 종업원의 표현

◉ Could you pay at the Cashier's Desk, please ?

　　◉ 계산대에 가셔서 지불하십시오.

◉ You may pay at your table, sir/madam.

　　◉ 이 자리에서 계산하셔도 됩니다.

손님에게 계산방법을 묻는다.

W : How will you be paying, sir?

C : In cash.

W : In which currency?

C : In Euros

>   W : 어떻게 계산하시겠습니까?
>   C : 현금으로 내겠습니다.
>   W : 어느 나라 화폐입니까?
>   C : 유로입니다.

W : How would you like to pay, sir?

C : By credit card.

W : All right! May I see your card?

>   W : 계산을 어떻게 하시겠습니까?
>   C : 신용카드입니다.
>   W : 카드 좀 보여주시겠습니까?

C : Do you accept credit cards?

W : That'll be fine, sir.

>   C : 신용카드를 받습니까?
>   W : 예, 받습니다.

손님의 지불방법을 받아들일 수 없을 때

○ C : Can I pay with this credit card ?

W : I'm very sorry, sir.

We don't accept credit cards.

> ○ C : 이 신용카드로 지불하겠습니다.
> W : 대단히 죄송합니다만, 신용카드는 받지 않습니다.

○ We only accept _____.

> ○ 우리는 _____만 받습니다.

○ Just a moment(second).

I'll just ask the cashier about that.

> ○ 잠깐 기다려 주십시오.
> 출납계에 물어 보겠습니다.

○ I'm sorry, sir. This card has expired.

> ○ 죄송합니다. 이 카드는 기한이 만료된 카드입니다.

6 계산할 때 ②-*Cashier*

C : How much will this be?

W: Your bill comes to 25,000 won.

> C : 얼마입니까?
>
> W : 2만 5천원이 되겠습니다.

Cashier counter에서

C : How much will it be?

W : Just a moment, please.

Your bill comes to 25,000 won.

> C : 얼마나 나왔습니까?
>
> W : 잠깐 기다리십시오. 25,000원이 되겠습니다.

Here is your change 2,000 won.

> 여기 거스름돈이 있습니다.

C : I think there's a mistake on this bill.

Shouldn't it be 35,000won?

W : We have to add this amount for 10% Value Added Tax.

◑ C : 계산서에 잘못 계산되었습니다.
       35,000원이 되어야 하는 것 아닙니까?
     W : 부가가치세로 10%를 계산했습니다.

◑ Your bill includes a 10% tax and a 10% service charge.
So it comes to 25,000 won, sir.

◑ 손님의 계산서에는 10%의 봉사료가 포함되어 25,000원이 됩니다.

수표·카드 등을 받지 않을 때

◑ I'm afraid we do not accept personal checks here.

◑ 죄송합니다만, 개인수표는 받지 않습니다.

◑ I'm afraid we cannot accept traveller's checks here.

◑ 죄송합니다만, 여기서는 여행자수표를 받지 않습니다.

◑ I'm afraid we cannot accept foreign currency as payment
here.

◑ 죄송합니다만, 여기서는 외국화폐를 받지 않습니다.

◑ I'll just go and check it for you.

◑ 가서 확인을 해 보겠습니다.

◑ We accept the credit cards displayed here.

◑ 여기에 나와 있는 신용카드만 취급합니다.

◐ Are you a staying guest, sir/madam? (英)

　　◐ 호텔에 투숙하고 있는 손님입니까?

◐ Are you a hotel guest, sir/madam?　(美)

　　◐ 호텔 손님이십니까?

◐ Could you sign here, please?

　　◐ 여기 사인을 해주시겠습니까?

◐ We require your signature.

　　◐ 사인을 부탁드리겠습니다.

7 계산이 잘못되었을 때

C : Excuse me, but I think you've overcharged me.
W: I'm very sorry, Sir. May I see your bill, please ?

   C : 죄송합니다만, 여기 계산이 더 나왔어요.
   W : 죄송합니다만, 청구서를 보여 주시겠습니까?

 ## 계산이 잘못됐다는 손님의 말

● I think you've overcharged me.

   ● 나에게 돈을 더 청구한 것 같습니다.

● I think there's a mistake on this bill.

   ● 이 계산서가 잘못 계산된 것 같습니다.

● What is this amount for ?

   ● 이 합계 내용은 무엇입니까?

● I was shortchanged 5 dollars.

   ● 거스름으로 5달러를 덜 주었습니다.

● I'm afraid I was shortchanged.

   ● 거스름으로 내가 덜 받은 것 같습니다.

▶ I already paid.

　　◑ 이미 계산했습니다.

▶ This is strange. It can't be.

　　◑ 이상하군요. 이렇게 나올 수가 없을 텐데.

8 손님에 대한 작별인사

C : Excellent, wonderful. Absolutely delicious.

I'd recommend it to everybody.

W: Thank you, sir. Hope to see you again.

C : 최고요. 서비스 만점이요. 요리도 아주 맛있어요. 친구들에게 이 집을 소개하겠소.

W : 감사합니다. 다시 모시기를 바랍니다.

손님에 대한 작별인사

C : May I have the bill, please?

W : Here you are, sir.

C : There you are. Keep the change.

W : (If you insist, sir) Thank you, sir.

C : 계산서를 가지고 오십시오.

W : 여기 있습니다, 손님.

C : (돈을 주면서) 여기 있습니다. 거스름돈은 팁으로 가지십시오.

W : (주시겠다고 하시니) 감사히 받겠습니다.

Have a nice day, sir/madam.

안녕히 가십시오, 손님.

▶ Thank you for dining with us.

　　▶ 저희 레스토랑에 오신 것 감사합니다.

▶ Please come again.

　　▶ 다시 오시기를 바랍니다.

▶ I hope you enjoyed your meal.
　 Please come again.

　　▶ 잘 드셨기를 바랍니다.
　　　다시 들르십시오.

▶ Hope to see you again soon.

　　▶ 다시 뵙기를 바랍니다.

▶ It's a pleasure to serve you(your family).

　　▶ 손님(가족)을 모시게 된 것 영광입니다.

▶ We'll look forward to seeing you again, sir/madam.

　　▶ 다시 오시기를 기다리겠습니다.

▶ Looking forward to serving you soon again.

　　▶ 다시 모실 기회를 기다리겠습니다.

▶ We hope to welcome you again.

　　▶ 다시 오시기를 바랍니다.

대화 후 작별인사

엘리베이터 안에서나 지나가다가 만나 짧은 대화를 나눈 후 자리를 뜰 때의 인사말이다.

▶ Oh, this is my floor. It's been nice talking to you.

　　▶ 오, 이 층에서 내려야겠습니다. 즐거운 대화였습니다.

▶ It's been nice meeting you.

　　▶ 만나서 즐거웠습니다.

▶ I hope you enjoy your trip in Korea.

　　▶ 즐거운 여행되십시오.

작별인사를 잘 해야 하는 이유

우리들은 영접인사에는 신경을 써서 잘 하려고 하는 반면 작별하는 인사에는 무신경인 경우가 많다. 그러나 손님은 작별인사에 보다 깊은 감명을 받게 된다는 점에 우리들은 유의를 해야 한다. 이제까지 열심히 손님에게 서비스를 했던 것을 작별인사로 총마무리 한다는 심정으로, 영접인사보다 어느 의미에서는 더 예의바르고 친절하게 작별인사를 해야 할 것이다.

American Breakfast와
Continental Breakfast 주문에 따른
영어표현

ᴇSTAURANT ENGLISH
ᴏR WAITER & WAITRESS

1 *American breakfast*를 주문할 때

> C : I'd like the American breakfast.
>
> W: Certainly, sir. Go ahead, please.
>
> C : 아메리칸 블랙퍼스트를 주문하겠습니다.
>
> W : 예, 말씀 하십시오.

 American breakfast와 Continental breakfast

위 예문에서 "Go ahead(말씀하십시오)."는, American breakfast로 나와 있는 여러 메뉴 중에 선택해서 주문해 달라는 뜻의 말이다. 특히 American은 계란요리에 포인트가 있다. 반면 Continental은 빵, 주스, 커피로 단순화된 아침 메뉴만을 드는 것이 양자간의 차이이다.

손님이 American breakfast를 주문할 때

C : I'd like to order breakfast.

W : Certainly, sir. Go ahead, please.

C : Let's see. I'll have _____.

- a fresh glass of orange juice

- the fried eggs

- some toast and marmalade

C : 아침식사를 주문하겠습니다.

W : 네, 말씀하십시오. 손님.

C : 자, _____으로 주세요.

    - 오렌지주스로 주세요.

    - 에그 프라이로 주세요.

    - 토스트와 마머레이드로 주세요.

I'd like two orders of fried eggs with bacon, a large pot of coffee, two mixed salads, two orders of toast and some pineapple juice.

베이컨 에그와 커피, 믹스드 샐러드, 그리고 토스트와 파인애플 주스 2인분을 주기 바랍니다.

I'd like the American breakfast.

Grapefruit juice, scrambled eggs with ham.

아메리칸 블랙퍼스트로 자몽주스, 스크램블에 햄으로 하겠습니다.

The American breakfast for me. Tomato juice and fried eggs with bacon.

나는 아메리칸 블랙퍼스트로 주기 바랍니다.
토마토주스와 에그에 베이컨을 주기 바랍니다.

손님의 주문을 보다 구체적으로 물은 오더테이킹

■■■ egg-cookery

　C : I'll have a boiled egg.

　W : How many minutes would you like us to boil your egg, sir?

> C : 삶은 계란으로 주십시오.
> W : 어느 정도로 익혀 드릴까요?

　Would you like ham or bacon with your egg?

> 햄에그나 베이컨에그 중 어느 것으로 하시겠습니까?

계란요리에 대한 손님의 불평

- eggs are raw　　　계란이 날 것 그대로입니다.
- too soft　　　　　익지않아서 반숙 상태입니다.
- too hard　　　　　단단해요.
- runny　　　　　　익어서 흐물거려요.
- undercooked　　　덜 익혔어요.
- over cooked　　　너무 익혔어요.

American breakfast 오더 테이킹 예시

■■■ 1. 주스를 주문 받는다.

C : The American breakfast, please.

W : Certainly, sir. Would you prefer tomato, or orange juice?

C : I'll have orange juice.

> C : 아메리칸 블랙퍼스트로 하겠습니다.
> W : 예, 손님. 토마토와 오렌지주스 중 어느 것으로 하시겠습니까?
> C : 오렌지주스로 주십시오.

■■■ 2. 에그 프라이를 주문받는다.

W : How would you like your eggs?

C : Fried. Sunnyside up.

> W : 에그는 어떻게 해서 드릴까요?
> C : 프라이로 하겠습니다.
>   써니 사이드업(한쪽만 익힌 반숙)으로 해 주십시오.

■■■ 3. 프라이 에그에 곁들어 먹을 것을 주문받는다.

W : Would you like ham, bacon, or sausage?

C : Bacon, please. Make it very crispy.

> W : 햄, 베이컨, 소시지 중 어느 것으로 하시겠습니까?
> C : 베이컨으로 바짝 구어주십시오.

W : How many strips, sir?

C : Three strips, please.

> W : 베이컨 몇 조각으로 드릴까요?
> C : 세 조각으로 주십시오.

4. 빵을 주문받는다.

W : Would you like a croissant?

C : No, I think I'll take a Danish pastry.

> W : 크로아쌍으로 하시겠습니까?
> C : 아니오. 대니쉬 페스츄리 빵으로 주십시오.

5. 커피 등을 주문받는다.

C : A coffee, please.

W : Anything else, sir/madam?

> C : 커피를 주기 바랍니다.
> W : 그외 더 드실 것은 없습니까, 손님?

6. 오믈렛을 주문할 때(위 3항 대신 계란요리 주문시)

W : How would you like your eggs cooked?

C : I'd like an omelet, very soft inside, please.

> W : 계란을 어떻게 해 드릴까요?
> C : 오믈렛으로 부드럽게 익혀주십시오.

W : How many eggs would you care for, two or three?

> W : 계란을 2개로 할까요? 아니면 3개로 할까요?

2 *Continental breakfast*를 주문할 때

> C : I'll have the Continental breakfast. Grapefruit juice, croissant and coffee, please.
> W: Certainly, sir.
>
>   C : 콘티넨털 블랙퍼스트로 하겠습니다. 포도주스, 크로와상빵과 커피를 주십시오.
>   W : 예, 알겠습니다, 손님.

 ## 손님이 Continenal breakfast를 시킬 때

W : May I have your order, sir?

C : Yes. I'd like the Continental breakfast.

> W : 주문하시겠습니까?
> C : 콘티넨털 블랙퍼스트로 주십시오.

I'd like one apple fruit juice, some toast and caffeine free coffee, please.

> 애플주스에 토스트, 카페인 없는 커피로 하겠습니다.

C : I'd like the Continental breakfast.

W : Which juice would you like, sir?

C : a glass of grafefruit juice, please.

◉ C : 콘티넨털 블랙퍼스트로 주기 바랍니다.
   W : 어떤 주스를 드릴까요?
   C : 포도주스로 주십시오.

◉ W : Would you like rolls or croissants?

   C : Some croissants, please.

   ◉ W : 롤빵이나 크로와상 중 어느 것으로 드릴까요?
      C : 크로와상으로 주십시오.

토스트 등 빵을 주문할 때

◉ W : May I take your order?

   C : Yes, I'll have a pineapple juice, fried eggs with toast
   and tea.

   ◉ W : 주문하시겠습니까?
      C : 예, 파인애플에, 에그 프라이, 토스트, 차로 주십시오.

◉ How would you like your toast, sir, light or dark?

   ◉ 토스트는 약간 구울까요? 바짝 구울까요?

◉ The French toast will take about 10 minutes. Would you
   mind waiting?

   ◉ 프렌치 토스트가 나오려면 10분쯤 걸립니다. 괜찮으시겠습니까?

◉ W : Would you like a croissant?

   C : No, I'll take the Danish Pastry.

W : 크로와상으로 드시겠습니까?

C : 아니오. 대니쉬 패스츄리로 주십시오.

Would you like rolls, croissants or the Danish Pastry?

롤빵, 크로와상, 대니쉬 패스츄리 어느 것으로 드릴까요?

토스트 굽는 상태에 대한 손님의 불만

- toast is too dark!   토스트를 너무 구웠습니다.
- too light   덜 구웠습니다.
- burnt   탔습니다.
- stale   오래된 것 같습니다.
- soggy   물렁물렁합니다.
- damp   축축합니다.

breakfast 메뉴 비교

	American	Continental	비 고
1. eggs	○		베이컨, 햄, 소세지와 같이 먹음.
2. fruit juice	○	○	
3. vegetables salad	○	○	
4. rolls, croissant		○	주로 croissant 빵을 먹음.
5. toast	○		아침식사시에만 나옴.
6. cereal	○		
7. cornflakes	○		

빵을 주문할 때

C : Do you think we could have some rolls?

W : Certainly, sir.

> C : 롤빵으로 주기 바랍니다.
> W : 예, 드리겠습니다, 부인

C : I'll have some rolls.

W : There are three rolls per person, sir.

> C : 롤빵으로 주기 바랍니다.
> W : 1인분에 빵 3개씩입니다.

C : We don't need any butter, but some grated cheese would be nice.

W : Certainly, sir. I'll get you some.

> C : 버터는 필요 없고, 치즈를 주시면 좋겠습니다.
> W : 예, 손님. 갖다 드리겠습니다.

C : All these rolls are white.

Do you have any brown ones instead?

W : No, I'm very sorry, sir, we haven't.

> C : 이것을 다 화이트로 가져왔습니다.
> 브라운으로 갖다 주기 바랍니다.
> W : 죄송합니다만, 화이트밖에 없습니다.

3 *egg cookery*(계란요리법)에 관한 주문 요령

> C : I'd like fried eggs with ham.
>
> W: How would you like your eggs done ?
>
> C : 햄 앤 에그를 주십시오.
> W : 계란을 어떻게 해서 드릴까요?

손님이 fried egg를 주문할 때 묻는 말

C : The American breakfast, please. Tomato juice and fried eggs with bacon.

I want the bacon very crisp.

W : How would you like your eggs, sir ?

C : I'd like them fried.

> C : 아메리칸 블랙퍼스트로 주십시오. 토마토주스, 베이컨과 프라이 에그 베이컨은 바짝 구어 주십시오.
> W : 계란은 어떻게 해 드릴까요?
> C : 프라이로 해 주십시오.

W : How would you like your eggs done?

C : I'd like them _____, please.

　　　　- sunnyside up

　　　　- over easy

　　　　- hard boiled

　　W : 계란은 어떻게 프라이 해 드릴까요?
　　C : _____로 해 주세요.
　　- 써니 사이드 업(한쪽만 익힌 반숙)으로
　　- 턴 오버 이지(위 아래 다 익힘)로
　　- 오버 하드(바싹 익힘)로

Would you like your eggs sunnyside up?

　　써니 사이드 업으로 할까요?

I'm afraid it is not on our breakfast menu.

　　죄송합니다만, 저희 아침메뉴에는 올라 있지 않습니다.

W : Will there be anything else, sir?

C : No, that's all thanks.

W : One pineapple juice, one fried egg
　　sunnyside up with bacon and coffee to follow.

　　W : 더 드실 것은 없습니까, 손님?
　　C : 이것으로 됐습니다. 모두 감사했습니다.
　　W : 파인애플 한잔, 에그 베이컨으로 에그는 써니 사이드 업으로 주문하시
　　고, 이와 함께 커피 한잔을 주문하셨습니다.

계란요리를 어떻게 요리해서 제공할 것인가를 손님에게 물을 때

How would you like your eggs done?

> 계란을 어떻게 해서 드릴까요?
> (sunnyside up 등을 물을 때)

What would you like your eggs served with?

> 계란을 어떻게 해서 드릴까요?
> (베이컨과 같이 드릴 것인지를 물을 때)

C : I'll have my eggs scrambled.

W : Scrambled. What would you like your eggs served with, sir?

C : Bacon, please.

> C : 에그는 스크램블로 해 주십시오.
> W : 스크램블 에그를 하시고 어떻게 해서 드시겠습니까?
> C : 베이컨으로 요리해 주십시오.

W : How would you like your egg done?

C : hard boiled.

W : How many minutes, sir?

C : Three. No, make that four.

> W : 계란을 어떻게 해서 드릴까요?
> C : 삶아서 주십시오.
> W : 어느 정도로 익힐까요?
> C : 3분 아니 4분 정도 익혀주세요.

Unit 8

중화요리·화식·한식
오더테이킹에 따른
영어표현

RESTAURANT ENGLISH
OR WAITER & WAITRESS

1 중화요리는 4채(菜)1탕(蕩)이 기본

W: May I take your order ?

C : We'd like this course for two, please.

W : 주문하시겠습니까?

C : 이 코스의 요리로 2인분 주십시오.

▶ 중화요리의 기본 메뉴

중국에서는 음식 품수(品數)를 4종 단위로 하여 내놓기 때문에 중국요리
를 주문받을 때는 사람 수만큼의 요리에 수프를 첨가하는 것이 기본이다.
예를 들면 4명일 때는 4채 1탕(요리 4품과 수프 1품)을 손님으로 하여금 주
문하도록 유도한다. 1품의 양은 상당히 많으므로 4인이라 하더라도 大분량
이나 中분량을 주문하는 것보다 小분량을 주문하게 하는 경우도 있다.

중화요리를 주문받을 때

C : We'd like this course for two, please.

W : I'm afraid that course is for four.

C : 이 코스로 2인분 주시오.

W : 죄송합니다만, 이 코스는 4인분입니다.

C : What would you recommend?

W : I would recommend two or three small dishes, and a soup to start with.

> C : 어떻게 했으면 좋겠습니까?
> W : 소분량 접시로 2, 3가지 요리를 드십시오.
> 그리고 수프를 먼저 드십시오.

C : To start with, I'd like Shark's Fin Soup.

What do you recommend afterwards?

W : Well, I would recommend the sliced chicken and Braised prawns with chili sauce, called Kansau-Ming-sha in Chinese.

> C : 샥스핀 수프로 먼저 먹겠습니다.
> 그 다음은 무슨 요리를 먹으면 좋겠습니까?
> W : 슬라이스드 치킨과 참새우 튀김 구이를 중국말로는 '칸사우밍샤'라는 고추소스를 쳐서 드시면 좋을 것입니다.

W : This course is for a minimum of 4~5 people.

C : We want that course.

Can't you make it for 3 people only?

> W : 이 코스 요리는 최소한 4~5명분입니다.
> C : 이 코스로 주되 3인분으로 만들어 줄 수는 없겠습니까?

C : We'll have three kinds of cold dishes and sliced barbecued pork and egg soup with vegetables.

W : Certainly, sir.

Would you like large or small portions?

C : I think the small portion should be enough for us.

> C : 3종류의 찬요리하고 돼지고기 바비큐, 야채 달걀수프로 주기 바랍니다.
> W : 그렇게 하겠습니다.
> 大, 小 중 어느 것으로 하시겠습니까?
> C : 小로 하면 우리 인원에 맞겠습니다.

I'm afraid we have no courses for one person.

Could you order from the à la carte menu, please?

> 죄송합니다. 한 분이 드실 코스는 없습니다.
> 일품요리로 주문하시면 어떻겠습니까?

I think it would be better to order separate dishes and share them, rather than ordering the same dishes.

> 각각 다른 요리를 시켜서 나누어 드시는 것이, 한 가지 요리로만 주문하는 것보다 나으실 것입니다.

I think that course will be too much for two people.

It would be better to reduce the number by two dishes.

> 이 코스는 2인분으로는 너무 많을 것 같습니다.
> 2가지 요리로 줄이는 것이 낫겠습니다.

It's made from ground fresh shrimp, sir.

> 이것은 새우를 갈아서 만든 것입니다.

◐ C : What do you call those?

W : They are called 'pao-pou-zuau-pang'

It's made from foried noodles with chop suey.

◐ C : 이런 요리를 무엇이라고 부릅니까?
W : '파오-포우-주오-팡'이라고 합니다.
잡채에 튀긴 면이 들어 있습니다.

▶ 북경 식당의 합승식 손님

북경에는 이런 식당도 있다. 한사람씩 오는 손님을 한 테이블로 안내하여 4사람이 되면 그때에 '4채 5탕'을 낸다. 이를 4인분으로 나누어 먹게 한 후 돈은 각자가 4등분하여 낸다. 이것이 바로 중국요리의 '4채 5탕'의 코스 메뉴를 단적으로 엿보게 하는 장면이기도 하다.

▶ 중국요리의 영어표현

두부조림	braised bean curd
칠리소스 두부	bean curd with chili sauce
야채모듬고기 요리	assorted-meat soup with vegetables core
제비집과 옥수수요리	swallow nest in sweet corn soup
제비집과 게살국	swallow nest in crab meat soup
야채볶음	saute'-mixed vegetables
버섯 야채볶음	fresh mushroom and vegetable core braised
볶음밥	fried rice
잡탕밥	steamed rice with mixed seafood
야채 고기밥	steamed rice with meat and vegetables
국수탕	rice noodle in soup

삼선국수	noodle soup with 3kind fish
해파리냉채	cucumber and jelly fish strips
숯불돼지고기	barbecued pork
닭살 고기	boneless chicken
닭고기와 붉은 고추	diced chicken with red pepper
북경오리요리	Peking duck
매운 고추 간장 볶음 돼지고기 요리	saute' shredded pork with soy
자장 볶음	diced pork with bean sauce
제육안심고기 요리	fillet of pork in brown sauce
돼지갈비구이	sweet and sour pork ribs boiled
제육볶음요리	vegetables-cooked sliced pork
난자완쓰	braised minced beef ball
소고기 풋고추볶음	saute' shredded beef with green pepper
쇠고기 양파볶음	saute' sliced beef with onion

2 화식은 1즙(汁) 3채(菜)가 기본

C : What do you recommend for dinner?

W: I would suggest the tempura dinner.

It comes with raw fish.

C : 저녁식사로는 무엇으로 했으면 좋겠습니까?

W : 어묵 디너로 해 보시죠. 생선회와 같이 나옵니다.

화식(和食)의 기본메뉴

일본요리(本膳料理)의 기초는 1즙(汁) 3채(菜)로 구성된다. 이것은 국물 (吸物 : 수이모노) 한 가지에 야채요리 4가지로, 菜는 부식물(副食物)을 뜻 한다. '1즙 3채'의 구성은 밥(飯), 국물(汁), 향물(香物 : 단무지 등), 생선회, 삶은 것, 구운 것 등이며, 여기에서 밥과 향물은 계산에 넣지 않으므로 요리 의 품수는 4品이 된다. 일본에서는 4라는 숫자는 우리나라와 같이 「죽을 死」로 여겨, 이를 피하여 '1즙 3채'라는 분리법을 쓰고 있다.

화식을 주문할 때

W : May I have your order?

C : We'll have the sushi for two people, please.
I'd like a soup to start with.

> W : 주문하실까요?
> C : 2인분 스시를 주십시오.
> 먼저 수프를 먹겠습니다.

C : What do you recommed?

W : I can recommend the Miso-Shiro.

It is a sort of clear soup made from fish (or chicken)
with vegetables, seasoned with soy sauce.

> C : 무엇을 먹었으면 좋겠습니까?
> W : '미소시로'를 드셔 보시지 않겠습니까?
> 이 요리는 일종의 수프입니다. 야채와 생선(닭고기)로 만든 것으로 간장
> 소스로 맛을 냅니다.

C : What kind of Japanese food do you serve?

W : We serve some popular Japanese dishes in set courses
and à la carte.

> C : 어떤 종류의 일본음식을 내고 있습니까?
> W : 정식 또는 일품요리로 대중적인 일본요리를 내고 있습니다.

C : What kind of food would you prefer?

W : I'd suggest a shabu-shabu.

It's served with thinly sliced beef cooked with vegetables in broth.

And it's eaten with sesame oil.

> C : 어떤 음식을 먹으면 좋겠습니까?
> W : 샤브샤브를 드셔 보시지 않겠습니까?
> 소고기를 얇게 썰어서 묽은 수프에 익힌 야채를 곁들여 냅니다.
> 참기름에 찍어 먹습니다.

This is a dish for four people.

> 이 요리는 4인분입니다.

I'm afraid we don't serve Sushi(raw fish) here
but there is a Sushi restaurant on the second floor.

> 저희 집에서는 스시를 팔지 않습니다.
> 스시 레스토랑이 2층에 있습니다.

If you would like the Shabu-Shabu there is a speciality restaurant on the second floor.

> 샤브샤브를 드시고 싶으면 2층에 샤브샤브 전문 식당이 있습니다.

3 한정식은 칠첩반상이 기본

한국의 '칠첩반상'

화식은 '1즙 3채', 중화요리는 '4채 1탕'이 기본이라는 것은 소개한 바 있다. 이에 대한 한식이 기본은 '칠첩반상'이다. 이를 기본으로 5첩, 3첩으로 간소화 되는데 첩수에 따른 반찬의 종류는 다음과 같다.

첩반상별	밥	탕	김치	종지	조치류	숙채	생채	구이	조림	전류	마른반찬	회
3첩반상	○	○	○	1(간장)	×	○	○	○	×	×	×	×
5첩반상	○	○	○	2(간장·초간장)	찌개	○	○	○	×	○	○	×
7첩반상	○	○	○	3(간장·초간장·초고추장)	찌개1 찜1	○	○	○	○	○	○	○

한국음식을 권하는 말

C : I want to try a Korean dish.

Is there anything you particularly recommend?

W : Yes, I would suggest the Pulgogee.

It's excellent.

> C : 한국요리를 먹고 싶습니다.
> 특별히 권할만한 것이 있습니까?
> W : 예, 불고기를 권합니다.
> 아주 맛이 있습니다.

Why don't you try the Kalbi-Kui.

It's marinated beef back ribs and charcoal boiled.

> 갈비구이를 드셔보시지 않겠습니까?
> 소갈비를 마리네이드에 담갔다가 숯불로 구운 것입니다.

I can recommend the Saengsun-Kui.

It's a sort of seasoned broiled fish.

It's particularly good.

You can try Korean food.

> 생선구이를 권하고 싶습니다.
> 양념한 생선을 구운 것입니다.
> 아주 맛이 있습니다.
> 한 번 한국맛을 시식해 보시기 바랍니다.

Pattern	어떤 요리를 권하는 말

Why don't you try	갈비찜? It's a sort of barbecued beef steamed with a combination of garlic, prunes and nuts. 신선로? It's a kind of typical Korean dish for dinner.

불고기와 김치를 설명할 때

◉ W : May I take your order, sir?

C : Yes. Can you suggest something Korean?

　◉ W : 주문을 받을까요?
　　C : 한국요리로 무엇을 먹었으면 좋겠습니까?

◉ You might want to try our sizzling steak, sir.

　◉ 손님께서는 고기를 불에 구어 드시고 싶을 것 같은데요.

◉ C : What's it called?

W : It's called Pulgogee.

　◉ C : 이것 요리명이 무엇입니까?
　　W : 불고기라고 합니다.

C : Is it an appetizer or a main dish?

W : It's a main dish.

C : 아페타이저입니까, 메인 디쉬입니까?

W : 메인 디쉬입니다.

김치 담그는 요령 설명

C : How do you prepare the 'Kimchee'?

「김치는 어떻게 만드는 것입니까?」

W: Well, It's prepared as follows.

「다음과 같이 담급니다.」

감치 담그는 요령 설명

First we chop some chinese cabbage into small pieces.

Then we salt the chinese cabbage and let it stand for an hour or so.

Next we wash off the salt with water and squeeze out the water from the cabbage.

Finally we put in the spicesi red pepper, chopped green onion, garlic, ginger, and a little sugar. Sometimes we also put in a few of salted anchvis.

「첫째, 배추를 여러 조각이 나게 자릅니다. 그런 다음, 배추를 소금으로 간을 치고 몇 시간 둡니다. 다음으로는 물로 소금을 씻어내고 배추로부터 물을 짜냅니다. 끝으로 고춧가루, 양파, 마늘, 생강과 약간의 설탕을 넣습니다. 때로는 멸치젓을 약간 넣습니다.」

동양식의 요리 양(量)이 많다, 적다의 표현

> W: Would you prefer a light or a filling meal?
> C: We're rather hungry so I want something substantial.
>
> W : 요리를 가볍게 드시겠습니까? 좀 많이 드실 생각입니까?
> C : 제가 배가 고프니 양이 많은 것으로 주기 바랍니다.

 동양식에서는 양(量)의 大小가 있다.

양식은 정량(定量)으로 원 메뉴가 기본이다. 중화요리, 기타 찌개류에 대해서는 양(量)의 구별이 오더테이킹에서 언급이 되어야 할 경우가 많다.

양의 대소(大小)에 의한 오더테이킹

양의 大, 小에 따른 주문은 주로 동양요리에 해당된다.

◉ This course is for 4~5 people.

I think the portions will be too large for two people.

> ◉ 이 코스요리는 4˜5인분입니다.
> 이 일인분 요리는 2분이 드시기는 양이 너무 많습니다.

◑ Would you like large or small portions?

 ◑ 大, 小 중 어느 분량으로 드시겠습니까?

◑ I think the small portions will be enough for two people.

 ◑ 小로도 2인분 드시기에 충분할 것입니다.

◑ This is the price per person.

 ◑ 1인분 가격입니다.

◑ C : What is the price range for the set menu?
　 W : From 20,000won per head.

 ◑ C : 세트메뉴는 가격대가 어떻게 됩니까?
　 W : 1인 2만원부터 있습니다.

◑ I think this course will be suitable for four people.

 ◑ 이 코스 요리라면 4인이 드시기에 충분합니다.

◑ They are very popular with our overseas guests. Please enjoy your meal.

 ◑ 이 요리들은 외국손님에게 인기가 있습니다. 즐겁게 드시기 바랍니다.

※ portion은 음식의 「1인분」을 의미로 "I ate two portions(나는 2인분을 먹었습니다)."가 된다.

5 술병 용량의 대소(大小) 표현

> C : Do you have half a bottle of wine?
> W : No, we sell a full bottle of that.
>
> 　C : 와인 작은 병으로 팔고 있습니까?
> 　W : 아닙니다. 큰 병으로 팔고 있습니다.

병(용기)을 대소로 파는 경우

◉ W : I would recommend the Muscadet.
　　C : Fine, We'll take a half bottle of that then.

　　◉ W : 뮈스까데 와인을 권하고 싶습니다.
　　　　C : 좋소. 그렇다면 작은 병짜리로 주십시오.

◉ We'll have a full bottle of that.

　　◉ 큰병짜리로 주십시오.

◉ W : Would you like any wine this evening?
　　C : Do you have half a bottle of Meursault.
　　W : Not of Meursault, madam. But we do have a half a
　　　　bottle of the Entre-Deux-Mers.

W : 오늘밤 무슨 와인을 드시겠습니까?

C : 작은병짜리 뫼르소 와인 있습니까?

W : 부인, 없습니다만, 잉트로 드 메르 와인은 작은병짜리가 있습니다.

C : What's your House Scotch?

W : It's Haig, sir. We sell mini, quarter and half bottles, sir.

C : 하우스 스카치는 무엇이 있습니까?

W : 헤이그가 있습니다. 저희 레스토랑에서는 미니, 쿼터, 작은병 3가지가 있습니다.

손님이 잔술, 병술로 달라고 할 때

I'd like a glass of white wine.

화이트 와인 한잔을 주십시오.

I want a bottle of red wine.

레드와인을 병술로 주십시오.

Do you sell half a bottle of wine?

작은병으로 와인을 팝니까?

With the appetizers, we'll have half a bottle of Tio Pepe and a bottle of Rioja with the main course.

애피타이저와 같이 마실 것으로, 티오 페페 작은병짜리 한병하고, 메인 코스에서는 큰병짜리 리오자 와인 한병을 주십시오.

Supplement

RESTAURANT ENGLISH
FOR WAITER & WAITRESS

조리법

요리는 맛있는 음식을 만드는 일 또는 그 음식을 의미하나, 조리(調理)는 여러 가지 재료를 잘 맞추어 음식을 만든다는 말이다. cook은 가열을 수반하는 조리의 뜻이며— dish는 요리에 해당한다.

식생활   dietary patterns

요리   cooking/cookery/cuisine
　　※「요리하다」는 cook, prepare이며, 요리한 음식은 dish로 '요리를 만들다'는 prepare a dish가 된다.

요리교실   cook-in

미 요리사의 조수   cook

꾸며대다   cook a report

여자조리사   cooky

잘게 썰다/다지다   chop
　　※「양배추를 잘게 썰다」는 chop up a cabbage가 된다.

(달걀을) 휘젓다   beat/whip
　　※ 달걀이나 크림을 비터(beater)로 휘저어서 거품을 만드는 것을 말한다.

살짝 담그다/적시다   dip

강판으로 갈다   **grate**

　　※「겨자를 갈다」는 grate a horseradish이다.

걸쭉하다   **mash**

　　※「토마토를 걸쭉하게 하다」는 mash potatoes라고 한다.

빻다/갈다   **grind**

　　※ groud는 grind의 과거(분사)이면서 형용사가 되는데, 예로 ground
　　meat(갈은 고기) 등이 있다.

저미다   **mince**

　　※「배추를 찢다」는 shred cabbage이다.

얇게 베다   **slice**

　　※「송이를 얇게 자르다」는 slice mushrooms이다.

속을 채워넣다   **stuff**

　　※「만두소를 넣다」를 bunstuffing이라 하는데, 이는 bun(작은 롤
　　빵)+stuffing(속을 넣은 것)의 합성어이다.

껍질을 벗기다   **peel**

　　※「귤의 껍질을 벗기다」는 peel an orange가 있다.

생선을 저미다   **fillet**

　　※ fillet[필레이]는 (1)「생선을 가시없이 저미다」는 뜻이 있고, (2) 소,
　　돼지고기의 최고급 요리부위가 되는「필레 살코기를 떼어내다」의
　　두 가지로 쓰인다. "Could you fillet that mackere(저 고등어를 가시
　　없이 저며 주시오)?"를 들 수 있다.

찌다/삶다/부글부글이다　stew/boil/simmer

※ boil은 100도의 물로 「삶다」라면, stew는 뭉근한 불로 사골을 「찌
다」정도이며, simmer는 난로 위에 국냄비를 올려놓고 부글부글 끓
이는 것을 뜻한다.

(직접) 굽다　　　　　　　　grill/(美) broil

※ 고기를 석쇠 등에 직화(直火)로 굽는 것을 말한다.

(간접) 굽다　　　　　　　　roast

※ 오븐, 화덕에서 불로 쬐어 굽거나, 뜨거운 재에 묻어 그슬려 굽
는 것으로 간접구이를 말한다.

바비큐　　　　　　　　　　barbecue

※ 바비큐는 소, 돼지, 물고기의 「통구이」를 뜻하는데, 주로 야외 파
티용을 말한다.

(빵 등) 굽다　　　　　　　　bake

※ grill, roast가 고기의 조리를 말한다면, bake는 빵, 과자, 등을 오븐
에 굽는 것을 말한다.

음식의 미각보기

음식의 '맛'은 4가지로 대별하여 단맛(sweet), 쓴맛(dry), 신맛(sour) 그리
고 짠맛(salty)이 있다.

양념/조미료　　　　　　　　spices/condiments

| 조미하다 | spice/seasoned |

※ 위 두 단어는 「후추」 pepper, 「생강」 ginger, 「마늘」 garlic, 「소금」 salt 등과 기타 향료제를 가미하여 맛(flavor)을 내는 것을 말한다. season은 「계절」이기도 하다.

| 인공감미료 | artificial sweetener |

| 인공착색료 | artificial coloring agent |

| 감미 | sweet |

※ 「달콤새콤한 맛」은 sweet-and-sour라고 한다.

| 쓴맛 | bitter |

※ 「달콤씁쓸한 맛」은 bitter sweet이다.

| 매운맛 | hot/spicy |

※ '얼얼한 매운맛'은 pungent이다. hot은 고추와 같이 매운맛을 말하나, spicy는 양념에서 느끼는 매운맛으로 우리들이 즐겨먹는 음식의 매운맛은 spicy가 보다 영어답다.

| 신맛 | sour/acidic/tart |

※ sour는 발효시켜 만든 「신맛」이며, sour grape(신포도)가 있다. acid(산;酸) → acidic[어사이딕]으로 화학적 작용에 의한 식초의 신맛이 있으며, tart는 시큼한 맛을 말한다.

| 풍미있는 | flavorful/tasty/savory |

※ flavor는 「풍미, 조미료, 향신료」 등 여러 맛을 포함한다. taste(맛, 풍미) → tasty(풍미있는)이며, savory는 냄새가 좋은 풍미라는 뉘앙스를 갖는다.

짠맛   salty
※ cooking salt는 「요리용 식염」이다.

진한 맛   rich/heavy
※ rich wine은 감칠맛이 나는 와인을 말한다.

담백한   plain/light

감칠맛이 나는   full-bodied
※ 특히 와인과 같은 술맛을 표현할 때 사용하는데, body가 맛의 밀도, 농도를 의미하기 때문이다.

싱거운 맛   watering
※ 술, 차 등의 맛이 엷어 싱겁거나 묽은 경우에 쓰인다.

발효   ferment
※ 김치를 '발효시킨 야채'라고 할 때 fermented vegetable로 한다.

맛이 톡 쏘는   tangy
※ 위 단어는 「냄새가 코를 찌르는」의 뜻도 있어, 양념 통닭에 치는 '톡 쏘는'양념을 tangy source라고 한다.

채소와 과일

외국인 친구들하고 슈퍼마켓에서 식료품을 쌀 때 야채나 과물의 영어이름을 모르면 대단히 불편하다. 뿐만 아니라 해외 여행시 시장을 갈 경우에도 같은 경우를 맞게 된다.

야채 // 과일   **vegetable/green stuff // fruitage**

살구   **apricot**
※ 「살구빛」은 yellowish pink라고 한다.

완두콩   **peas**
※ 「강남콩」은 French beans, 「콩깨묵」 bean cake, 「두부」는 bean curd, 「콩나물」은 bean sprouts, 「숙주나물」은 green bean sprouts라고 한다.

무   **turnip radish/white radish**
※ 「서양 고추냉이;겨자」는 horseradish이다.

오이   **cucumber**

냉이   **sheperd's purse**
※ 직역을 하면 '양치기 돈 주머니'이다.

겨자   **mustard**
※ English mustard하면 「물에 푼 겨자」를 말한다.

후추 // 고추   **pepper // red(chill) pepper**
※ 「피망」은 green pepper이며 「후춧가루 통」은 pepper caster라고 한다.

가지(나무)	(美) eggplant/(英) aubergine
배추	Chinese cabbage

※ cabbage로만으로는 「서양배추」가 된다.

상치	Romaine lettuce
감(나무)	persimmon
오렌지	orange

※ 일본의 '미깡'은 mandarine orange라 하고, 우리나라에서 수입되는
오렌지는 미국, 남아프리카가 주산지인 tangerine이다.

호박 // 우엉	pumkin // burdock root
연근(蓮根) // 피망	lotus root // green peppers
도라지	Chinese bellfliower/balloonflower

※ 식용으로 쓰는 도라지는 root of balloonflower이다.

미나리 // 고사리	parsley // bracken
고비	flowering fern/royal fern
버섯	mushroom

※ toad(두꺼비), tree toad＝tree frog(청개구리)가 있고, toadstool하면
「독버섯」이 된다.

송이 // 양송이	pine mushroom // meadow mushroom

참깨/깻잎   **sesame/sesame leaf**

> ※ swsame는 「참깨」로 sesame oil(참기름), seasoned[food] with sesame oil([음식]에 참기름을 치다)가 있다.

육(肉)고기

고대로부터 유럽은 목축문화가 발달하였다. 따라서 소, 돼지, 양에 관한 명칭이 다양하고, 고기 역시 부위별로 그 명칭이 세분화되어 농경사회와는 대조를 이루고 있다.

쇠고기   **beef**

> ※ beef하면 소(牛)의 식육(食肉)을 말하고, 그 식육(beef)을 '베어낸 살'을 beef steak라 한다. beef는 부위에 따라 「등심」은 sirloin, 「안심고기」는 fillet steak이다.

써로인   **sirloin**

> ※ loin은 소의 「허리살」, sirloin steak하면, 등심살코기 '요리'를 뜻한다.

돼지고기   **pork**

> ※ 「돼지」는 pig라고 하나 그 식육(食肉), 즉 고기는 pork로 바뀐다. 「돼지고기 편육」을 porkburger라고 한다.

돼지   **pig**

> ※ 거세된 「수돼지」는 hog, 거세 안한 수돼지는 boar이며, 집합적으로 「돼지」는 swine이라고 한다.

닭(고기)   **chicken**

> ※ chicken은 1년 미만의 새끼 닭을, 1년 미만의 어린 암닭은 pullet, 식용의 큰 닭은 fowls라고 한다.

수탉 // 암탉   (美) cock/(英) rooster // hen

오리(고기)   **duck**

※ duck은 「암컷 집오리」와 「오리고기」를 뜻한다. 수컷은 drake라고
하는데, 오리는 물을 좋아한다 하여 「비오는 날」을 a fine day for
young ducks라는 숙어가 생겼다.

(소의) 갈빗살   **plate/rib**

※ plate는 「접시」 외에 소의 「갈빗살」이란 뜻도 있다.

양고기   **mutton/ram/sheep/lamb**

※ lamb은 1세 미만의 새끼 양고기이며, ram은 거세 안한 숫양,
sheep은 「면양(綿羊)」으로 '털이 긴 양'을 말한다. mutton은 양
(sheep)의 고기(meat)이다.

염소/산양(山羊)   **goat**

※ 「숫염소」는 a he-goat라고 하며, 「암염소」는 a she-goat이다. 사람
의 「염소수염」을 goatee라고 한다.

영양(羚羊)   **mountain deer**

사향노루   **musk deer**

오리고기   **duck**

※ 「원앙새」는 mandarin duck이다. 북경요리로 pekig duck(북경식 오
리 요리)이 유명하다.

사슴고기   **venison**

※ 「사슴」은 deer이나, 그 육식(肉食)이 venison이다.

필레(안심고기)　　　　　　**fillet**

> ※ fillet[filei]는 소, 돼지의 늑골과 허리뼈 사이의 안심살을 말하여 최고급 살코기로 맛이 있는 부분이다.

간 고기/다진 고기　　　　**ground meat/minced meat**

> ※ 소고기, 돼지고기를 정육점에서 갈은(ground) 것을 말한다.

지방이 적은 살코기 // 비개살 코기 **lean meat // fatty meat**

> ※ lean은 「여윈, 마른」이며, fatty는 구어로 「뚱뚱보」를 뜻한다.

T.ip. 미국정육점의 소고기 규정품

　　요즘 정육점에 가서 고기 한점 사는데도 대단히 신경이 쓰인다. 왜냐하면 수입산 소고기가 국산 한우로 둔갑을 하여 팔리고 있는가 하면, 진품 한우를 샀다 하더라도 고기가 질겨 제대로 고기를 샀는지를 정육점부터 의심을 하게 되는 것이 오늘의 현실이다. 이와 관련하여 미국의 판매체제를 보고 우리는 타산지석으로 삼아야 할 것이다.

　　미국에서는 슈퍼마켓이나 육류점에 가면 USDA Choice라는 라벨이 붙은 고기를 팔고 있는데, 이것은 미국농무성(United States Department of Agriculture)의 고기등급표이다. 그 등급은 Prime(최고급), Choice(중질), Good, Standard 등 8등급으로 나누어지고, Prime은 고급레스토랑이나 좋은 고기를 취급하는 정육점용이며, 나머지 등급육은 대개 슈퍼마켓에서 등급라벨을 붙이지 않고 가계상표로 판다. 그밖에 standard 보다 아래 등급은 가공용품으로 분류되어 이용한다.

한국음식 보기

외국인을 한국식 식사자리에 초대하거나 초대 받았을 때, 자연히 요리에 대한 화제가 오른다. 이때 한국요리를 영어로 표현할 수 있도록 평소에 관심을 갖고 준비해 둔다.

한정식　　　　　　　Korean table d'hote

　　※ 「정식(정식)」을 table d'hote[따블 도웃트]라고 하여, 양식의 풀 코스 요리가 이에 해당된다.

일품요리/알 러 까르뜨　　a la carte

　　※ '풀 코스요리'메뉴 중에서 좋아하는 요리 몇 가지만을 골라서 주문하는 형식을 말한다.

(쌀)밥　　　　　　　rice/boiled rice/steamed rice

　　※ rice는 「쌀, 쌀밥, 벼」의 세 가지 뜻이 있어, 「(쌀)밥」하면 위와 같이 여러 표현이 있다. 「현미」는 brown rice, 「백미」는 white rice이다.

보리밥　　　　　　　boiled barley

죽(粥)　　　　　　　(1) gruel/(2) porridge

　　※ (1)은 특히 오트밀(oatmeal)의 죽을 말하며, 「쌀(보리)죽」은 rice (barley) gruel이다. (2)는 주로 영국에서 '포리지'로 불리어, 오트밀 죽(粥)이나 야채, 고기로 만든 잡탕죽을 의미한다.

미음　　　　　　　　barley water

　　※ 환자용 보리미음이다.

신선로   *shinsol-lo*

A colorfull dish for for a party. Strip-cut beef(길고 가늘게 썰은 소고기), pan-fried liver(지진 간) and mushrooms(송이), carrot(당근), slicedsheets of seperaely fried egg yolks(계란 노른자위) and whites(계란 흰자위), etc., are placed(겹쳐 쌓은) in a spoke fashion, garnished(고명장식) with meatballs walnut(호두) and gingo nuts(은행), and boiled in meat broth(고기국물).

구절판   *Kujol-pan*

Mine sectioned(9칸으로 된) dish to go with wines(술 안주용).
Crepes(장식용) are placed in the central compartment(가운데 칸) and strips of eight different foods sre arranged in the surrounding compartment(들러리 칸). The eight can be carrot, cucumber(오이), watercress(물냉이), mushroom, eg yolks and whites, beef, etc.

삼겹살   *Samgyupsal*

Barbecued bacon-type pork.

설렁탕   *Sollong-tang*

Hot bland soup made by long-boiling beef bone and meat.

물냉면   *Mul Naengmyun*

Buckwheat flour(메밀가루) noodles served in chilled beef broth with sliced meat and vegetables.

만두국   *Mandu-guk*

Bland(맛이 부드러운) dumpling soup with meat broth.
Dumplings(만두) are filled with a combination of meat and vegetables.

해물전골   *Haemul chon-gol*

Very spicy seafood casserole.
Squid(오징어), octopus(낙지), shrimp(새우), clams(조개) etc., are used
as ingredients(재료).

순두부찌개   *Sundubu Tchigae*

Soft bean curd(순두부) stew with clams, beef or pork.

비빔밥   *Pibim-bap*

Boiled rice mixed with vegetable

잡채   *Chap-chae*

noodles with meat and vegetables

 ## 한국요리의 조리별 명칭

한국요리를 외국인들에게 설명하기 위하여 알아야 할 영어표현들을 모아
보았다.

탕   **soup/broth**

※ 「알탕」은 fish roe(물고기의 알, 곤이) soup(또는 borth)이라 하며,
「매운탕」 hot croaker(민어) broth라고 한다.
(속담) "Too many cooks spoiled the broth(사공이 많으면 배가 산으
로 간다)."

곰탕   **stock soup**

※ stock은 고기를 삶아낸 국물이란 뜻이 있어, 오랜 시간 '푹 곤' 조
리법으로 만들었다는 것을 의미한다. 「꼬리곰탕」은 beef tail stock
soup라 한다.

전골	cooked-in-casserole

※「국수전골」 noodle casserole, 「낙지(곱창)전골」 octopus(tripe) casserole이 있다. casserole은 유기나 도기로 되고, 요리한 채 식탁에 올리는 뚜껑없는 찜냄비를 말한다.

부침개	pancake

※「파전」은 pancake fried with green onion, sea foods and mushroom 이라 한다.

찌개/찜	stew

※ stew는 뭉글한 불로 끓인다는 조리법을 말하여, 「김치찌개」를 kimchi stew, 「우설(牛舌)찜」은 stewed ox-tongue이다.

육포(肉脯)	jerk/(美) jerky

※ jerk는 특히 말린 소고기 육포이다. 이 외에도 역도의 「용상」, 속어의 「얼간이」로 "Dirty jerk!(이 얼간아!)"란 표현이 있다.

구이	(美) broil/(英) grill

※「철판구이」는 broiled beef, seafoods and vegetables이다.

튀김/부침	fry/deep fry/saute

※ 새우튀김은 deep-fried shrimp이고, 기름에 살짝 튀기거나 부치는 것을 saute라고 한다.

한다과-떡 보기

외국인 앞에 한다과류나 떡을 대접할 때는 명칭이야 한국명으로 부를 수는 있으나, 만든 방법과 관련된 부분의 영어표현을 소개해 본다.

떡   *Ttok*/traditional korean rice cake

made from rice powder(떡은 쌀가루로 만든 것)

※「가래떡」은 bar rice cake, 「쑥떡」은 rice cake seasoned with mugwort라고 한다.

인절미   *Injolmi*/cake made from glutinous rice

Steamed and pounded(메로 치다), glutinous(끈적끈적한) rice coated with bean powder(콩고물) or hulled red bean powder(팥가루)

절편   *Cholpon*/rice cake with flower pattern imprinted

Pounded and steamed rice dough(가루반죽) is pressed in a wooden pattern mold(무늬목판), cut into pieces and coated with sesame oil(참기름을 바르다).

경단   *Kyungdan*/dumpling

Glutinous rice dough is formed into small balls, placed in boiling water and removed, and then coated with different clored powders made from sesame seed(깨), beans, cinnamon(계치), chestnut, etc. It means dumpling in English.

한과   *Han-gwa*/tradditional sweets and cookies

Han-gwa is appreciated for its artistic and decorative colors and patters as well as for its pleasing sweet taste

강정   *Kangjong*/glutinous rice cracker frizzled in oil

A light and fluffy(부드러운) sweet from glutious rice and honey. It is deep-fried and coated with popped rice, cinnmon, sesame seeds, etc.

엿강정   *Yot Kangjong*/

cake made from rice[sesame, bean] mixed with glutinous rice jelly

made from a mixture of yot, sticky rice sugar, plus sesame seeds, beans, walnut, or pine nut, cutting it bite size.

수정과   *Sujong-gwa*/fruit drink punch

A sweet drink flavored by ginger(생강) and cinnamon. Softened dried persimmon(곶감). And pine nuts are added at serving time.

횟거리

우리말로는 회(膾)라는 말이 있다. 회는 어회(魚膾)와 육회(肉膾)로 구별되나, '회'하면 생선회를 의미한다.

연어   Salmon/redfish

※ 연어나 송어알을 소금에 절인 것을 salmon roe라고 하는데, roe는 물고기의 알, 「고니」이다. redfish는 연어를 시장에서 부르는 이름이며, 3살 난 연어는 mort라고 한다.

송어 // 바다송어   trout // salmon trout

고등어 // 다랑어(전갱이)   mackerel // horse mackerel

대구	haddock

철갑상어 // 캐비어　　　sturgeon // caviar
　　※ 철갑상어 알이 캐비어이다.

새우　　　　　　　　　(1) lobster/(2) prawn/(3) shrimp
　　※ 새우를 크기별로 보면 (1)「바다가재」, (2) 수염이 긴 「참새우」,
　　(3) 작은 「새우」 순이다.

조개　　　　　　　　　(1) clam/(2) shell/(3) scallop
　　※ (1)「대합」이다. 조개의 특성을 따서 숙어 close as a clam(인색한)
　　은 대합처럼 꼭 닫고 열지 않는다는 데서 딴 것이다. (2) 대합보다
　　작은 「조개」, (3)「조갯살」이다. shellfish(조개류)는 굴, 새우, 게 따
　　위를 말한다.

꽃게 // 참게　　　　　　blue/horseshoe crab
　　※ horseshoe는 「말굽」으로 horseahoe magnet(말굽자석)이 있다.

전복　　　　　　　　　abalone

정어리　　　　　　　　sardine
　　※ 숙어 packed like sardines(빽빽히 들어차서)가 있다.

청어　　　　　　　　　herring
　　※ 소금에 절여 말린 「청어훈제」는 kippered herring이다.

뱀장어/붕장어　　　　　eel // conger eel/sea eel
　　※ conger eel은 이른바 '아나고'를 말한다.

오징어　　　　　　　　squid/cuttlefish

※ squid는 말려서 먹는 그런 류의 「오징어」이며, cuttlefish는 「뼈오
징어」를 말한다.

도미   sea beam

낙지   octopus
                ※ octo-는 「8」을, -pus는 「발」을 뜻하여, 낙지가 발이 8개임을 나타
                낸 것이다.

넙치(혀가자미)   flatfish/sole
                ※ 영어에서는 넙치와 혀가자미를 구분하지 않고, '납작한 고기' 정
                도로 이해하고 있다.

가리비 // 잉어   scallop // carp

홍어 // 가오리   skate // ray

멸치젓 // 정어리   anchovy // sardine

우렁쉥이   sea quirt

미꾸라지   loach/mudfish

지렁이   rain worm
                ※ worm은 「벌레」인데 지렁이, 회충(roundworm)과 같이 연하고 발
                이 없으며, 가느다란 벌레를 포함하고 있다.

저자소개

문혜리
동의과학대학교 호텔관광서비스과 교수

신남식
동주대학교 호텔관광과 교수

심창환
경민대학교 호텔외식서비스과 교수

레스토랑 실무영어

2018년 8월 25일 초판 1쇄 인쇄
2018년 8월 30일 초판 1쇄 발행

지은이 문혜리 · 신남식 · 심창환
펴낸이 진욱상
펴낸곳 (주)백산출판사
교 정 편집부
본문디자인 편집부
표지디자인 오정은

저자와의
합의하에
인지첩부
생략

등 록 2017년 5월 29일 제406-2017-000058호
주 소 경기도 파주시 회동길 370(백산빌딩 3층)
전 화 02-914-1621(代)
팩 스 031-955-9911
이메일 edit@ibaeksan.kr
홈페이지 www.ibaeksan.kr

ISBN 979-11-88892-73-0 93740
값 15,000원